UKELELE PARA PRINCIPIANTES

*Consejos y trucos
para tocar el ukelele*

ACADEMIC MUSIC STUDIO

Copyright 2020 de Academic Music Studio - Todos los derechos reservados.

Este documento está orientado a proporcionar información exacta y fiable con respecto al tema y la cuestión cubierta. La publicación se vende con la idea de que el editor no está obligado a prestar servicios de contabilidad, oficialmente permitidos, o de otro modo, calificados. Si el asesoramiento es necesario, legal o profesional, se debe ordenar a una persona que ejerce en la profesión.

De una Declaración de Principios que fue aceptada y aprobada por igual por un Comité de la Asociación Americana de Abogados y un Comité de Editores y Asociaciones.

De ninguna manera es legal reproducir, duplicar o transmitir ninguna parte de este documento en medios electrónicos o en formato impreso. La grabación de esta publicación está estrictamente prohibida y no se permite cualquier almacenamiento de este documento a menos que con el permiso por escrito del editor. Todos los derechos reservados.

La información proporcionada en este documento se declara veraz y consistente, en el sentido de que cualquier responsabilidad, en términos de falta de atención o de otro modo, por cualquier uso o abuso de cualquier política, proceso o dirección contenida en el mismo es la responsabilidad solitaria y absoluta del lector destinatario. Bajo ninguna circunstancia se tendrá ninguna responsabilidad legal o culpa contra el editor por cualquier reparación, daño o pérdida monetaria debido a la información aquí contenida, ya sea directa o indirectamente.

Los autores respetuosos son propietarios de todos los derechos de autor que no posee el editor.

La información aquí contenida se ofrece con fines informativos únicamente, y es universal como tal. La presentación de la información es sin contrato ni ningún tipo de garantía.

Las marcas comerciales que se utilizan no tienen ningún consentimiento, y la publicación de la marca comercial es sin permiso o respaldo por parte del propietario de la marca. Todas las marcas comerciales y marcas dentro de este libro son sólo para fines clarificadores y son propiedad de los propios propietarios, no afiliados a este documento.

Tabla de Contenidos

Introducción 1

Capítulo 1: ¿Qué es un ukelele? 3

    Historia y orígenes del ukelele 3

    Ukelele Descrito 5

    Malentendidos convencionales sobre ukuleles 10

    ¿Qué tipo de música se puede tocar en el ukelele? 10

Capítulo 2: Guía Sobre la Reproducción del Ukelele 12

    Conocer tus manos 12

    Sosteniendo el ukelele de la manera correcta 13

    Tu primer acorde (C6) y el rasgueo del pulgar 14

    El acorde C7 y la mano de trastes 15

    El acorde F 17

    Lectura de los diagramas de acordes 18

    El acorde G7 18

    Práctica 19

    El acorde de Do Mayor 19

Capítulo 3: Comprensión de los Acordes de Ukelele para Principiantes 22

    Dónde colocar los dedos 23

    Explicar el método de re-participante 23

    Comprender los símbolos 24

    Aprender a tocar los acordes de ukelele más fáciles 24
    Aprender las D, F y G 26
    Aprender sobre el acorde B 27
    Aprender el acorde E muy importante 28
    Aprender los otros acordes menores 29
    Aprender los 7o Acordes 30

Capítulo 4: Consejos Principales para Tocar el Ukelele 32

    Obtener un buen ukelele 32
    Sostenga el ukelele de la manera correcta 33
    Disfruta de ti mismo 34
    Primero, aprende los conceptos básicos 34
    Tocar , tomar descansos y tocar de nuevo 34
    Aprender Teoría de la Música 35
    Reproducir lentamente 36
    Escuchar a los musicos de ukelele y tocar a lo largo 36
    Grabar y escuchar su reproducción 37
    Entrenamiento con dedo 37
    Un consejo final 39

Capítulo 5: Tipos de Ukuleles 40

    Tipos de ukuleles 42
    Soprano Ukuleles 42
    Concierto Ukuleles 43
    Tenor Ukuleles 43
    Barítono Ukuleles 44
    Especialidad Ukuleles 45

Recomendaciones 45

Capítulo 6: Notas del Ukelele 47
Escalas musicales 48
Notas sobre el ukelele 49
Pasos enteros y medias medidas 50

Capítulo 7: Teclas Musicales y Progresiones de Acordes 52
Transiciones de acordes y acordes de la escala mayor de do.. 53
Transiciones de acordes 54
Clave de la transición de acordes C I-IV-V 55
La clave de las transiciones de acordes G I-IV-V 56
Uso de V7 en lugar de V en transiciones de acordes 57
Clave de los acordes C 57
Clave de los acordes F 58

Capítulo 8: El Diapasón UKE 59

Capítulo 9: Acordes Comunes y Sustituciones de Acordes..........65

Capítulo 10: Hojas de Plomo, Partituras y Acordes 69
Notación Musical Estándar... 69
Partitura.. 71

Capítulo 11: Vexation de Acordes y Acordes Móviles.................73
Limitaciones físicas 74
Acordes poco frecuentes... 77

Capítulo 12: Trucos de Acordes 80
    Acordes tonalidades similares 82
    Mismo nombre, diferentes notas 84
    Mismo acorde exacto, digitación alternativa 86
    Misma digitación exacta con diferentes nombres 89

Capítulo 13: Rasgueo 90
    Patrones de rasgueo 94
    Rasgueo y ritmo 99

Capítulo 14: Tocar Melodías en el Ukelele 103
    Reproducir una melodía en el ukelele 104
    Opciones para reproducir Melodía 107
    Duración de juego en Tablature 109

Capítulo 15: Entender la Anatomía de la Partitura Para el Ukelele 111
    Notación musical estándar dentro del Clave de agudos 111
    Hojas de Canciones: Solo Acordes y Palabras 112
    Tablatura que muestra melodías y acordes 113

Capítulo 16: Canciones Para Tocar en el Ukelele 114
    Calentamiento y preparación 115
    En algún lugar sobre el arco iris / qué mundo maravilloso por Israel Kamakawiwo'ole 117
    Jason Mraz – Soy tuyo 118
    Can't Help Falling In Love de Elvis Presley 120
    Trouble by Never Shout Never 121

Riptide de Vance Joy 123

La Vie En Rose de Edith Piaf 124

Aleluya de Leonard Cohen 126

Hey, Soul Sister de Train 127

Blank Space de Taylor Swift 127

Hola por Adele 128

Creep de Radiohead 129

The A-Team de Ed Sheeran 130

All of Me de John Legend 131

Conclusión 133

Referencias 134

Introducción

Bienvenidos a todos los que están aquí para aprender a tocar el ukelele. Aprender a tocar este instrumento puede ser una tarea difícil, pero hay mucho en juego.

Para animarte, piensa en todas las personas que te rodean para las que serías una fuente de felicidad y alegría. El ukelele es un instrumento amigable que atrae a la gente a él, extendiendo la felicidad a todos los que lo escuchan. Pero ten cuidado, la vivacidad del ukelele es fácilmente transmisible. Una vez que te conviertas en un experto en sus acordes y canciones, es posible que te encuentres compartiéndolo con tus amigos y construyendo una relación para ti mismo.

En lugar de aprenderlo para tus amigos y la diversión de los que te rodean, también puedes aprender a tocar por ti mismo. Ir a través de este libro, comprar ese ukelele que siempre has querido y vencer su camino al éxito como un musico uke.

Este libro menciona todo lo que necesitas para tener éxito como musico de ukelele. Hay un montón de información sobre el instrumento, así, acerca de los recursos útiles y sobre por dónde empezar. Entendemos que usted comenzará a leer este libro con cero conocimiento previo del ukelele y cómo funciona, por lo que hemos diseñado este libro para ayudarle a aprender desde cero.

Al final de este libro, usted no sólo será capaz de sostener un ukelele, sino que también será capaz de tocar con competencia. Dedicamos nuestros esfuerzos a cada melodía que generes con el ukelele en la mano y a cada sonrisa que generes a través de la música rítmica de este equipo.

Capítulo 1

¿Qué es un ukelele?

El ukelele, un instrumento musical de origen hawaiano, es bastante exclusivo en su propia naturaleza. El ukelele ha jugado durante mucho tiempo un papel importante en la cultura hawaiana. Hoy en día, este instrumento trae felicidad, no sólo a la gente hawaiana, sino también a miles de personas en todo el mundo. Algunas de las preguntas que la mayoría de la gente hace sobre el ukelele son, ¿qué es el ukelele? ¿Cómo se hizo la idea de los hawaianos para hacer este instrumento? ¿Cuáles son los diferentes tipos de ukuleles? Después de pasar por los siguientes párrafos, tendrá todas las respuestas a las preguntas anteriores y más. Lo sé para algunos, la historia puede ser un poco aburrida, pero para entender completamente el ukelele, empecemos desde el principio.

Historia y orígenes del ukelele
En 1878, había algunos lugares en el mundo donde se producían grandes cantidades de caña de azúcar, y Hawái era uno de ellos. Después de la apertura de los nuevos mercados en California, los agricultores tuvieron que ampliar su trabajo para satisfacer las crecientes demandas. Como resultado, un gran número de personas

de Portugal llegaron a la isla de Hawái, aumentando significativamente la comunidad portuguesa en la isla.

Por lo general, cuando los inmigrantes se instalan en un nuevo lugar, traen sus propias culturas con ellos. Dado que la mayoría de los portugueses venían de Madeira, y a la gente de Madeira le encantó su música, lo que trajeron fue un pequeño instrumento musical llamado el machete de Braga. Era un instrumento sencillo que consistía en cuatro cuerdas de metal, pero tal vez su simplicidad era la razón por la que los lugareños se enamoraron de él. Con el tiempo, el machete comenzó a cambiar; los inmigrantes que se establecieron allí implementaron algunas de las cualidades de otros instrumentos similares que eran famosos en su país, y el resultado fue la creación del primer antepasado directo del ukelele que conocemos y amamos hoy en día. Fue hecho por tres carpinteros que querían llegar a algo innovador.

No hace falta decir que el ukelele se hizo popular al instante. Sin embargo, todavía no sabemos cómo se convirtió en una parte valiosa de la cultura de Hawái, y no sabemos por qué los portugueses se enamoraron tan fácilmente del ukelele, aunque la respuesta es bastante simple.

Un entusiasta del arte y protector de la identidad étnica de Hawái, el rey Kalakaua, cuando se enteró del ukelele, lo incluyó en las actuaciones interpretadas en las reuniones reales. Cuando el rey le da algo de importancia, automáticamente se vuelve popular para la gente local.

Después de que se convirtió en el instrumento nacional de Hawái, el amor por el ukelele llegó a los Estados Unidos, y poco después, el mundo entero.

Ukelele Descrito

Ahora tenemos un poco de información sobre cómo surgió el ukelele, vamos a discutir lo que lo hace diferente de otros instrumentos y cómo tocarlo.

Muchas personas, que saben un poco acerca de los instrumentos de cuerda, típicamente guitarras, tienen muchas ideas incorrectas con respecto al ukelele. Para la mayoría de la gente, el ukelele es simplemente una versión en miniatura de una guitarra. Y no podemos culpar a su forma de pensar; simplemente no tienen suficiente conocimiento, por lo que depende de nosotros proporcionarle la información relevante.

Una guitarra y un ukelele tienen mucho en común - particularmente el clásico. Estamos discutiendo el tamaño, la forma y cómo el instrumento musical se comporta y funciona. Un ukelele no es sólo pequeño; tiene un tipo de afinación completamente distinto, lo que significa que tiene diferentes métodos de juego y acordes diferentes. Es dudoso que una persona que es un experto en tocar la guitarra puede tocar el ukelele desde el principio. Pueden tener la capacidad, pero para la teoría musical de este instrumento, tendrían que empezar desde el principio.

A diferencia de las guitarras, los ukuleles tienen cuatro cuerdas, y la afinación ideal es G-C-E-A. Además de tener dos cuerdas menos que la mayoría de las guitarras, también tiene teclas distintas en las cuatro cuerdas. Esto significa que no puedes mover los acordes y escalas de una guitarra a un ukelele.

El ukelele no es simplemente una guitarra en miniatura que se puede poner en su maleta y llevar con usted mismo cuando y donde quiera. Más bien es un instrumento completamente diferente con sus propias características únicas. Teniendo esto en cuenta, la fabricación del ukelele toma un tipo de método completamente diferente. Nuestro siguiente tema es sobre las partes o la estructura de un ukelele.

Estructura de un ukelele

Como cualquier otra variedad de guitarra, un ukelele tiene tres partes principales: hardware, cuello y cuerpo.

Hardware

El hardware puede ser una pequeña palabra complicada, pero es el término más general para usar para lo que vamos a discutir. Sillas, puente, tuerca y afinadores son las cosas que entran en este término. Estos son los mismos componentes que se verían en una guitarra acústica o clásica. Puentes y máquinas de ajuste son las características de hardware más importantes en términos de función.

Al igual que una guitarra acústica, si las afinadoras son de buena calidad, usted tendrá problemas con el ukelele, y lo mismo va para el puente. En comparación con las cuerdas de la guitarra, las cuerdas de ukelele experimentan mucha menos tensión. Si desea que su instrumento permanezca en sintonía, debe tener sintonizadores de alta gama en él.

Las formas y tamaños del ukelele pueden variar.

Cuello

El cuello del ukelele es bastante corto, 21 pulgadas en promedio, aunque esto puede ser mayor, dependiendo del modelo de ukelele. A diferencia de las guitarras eléctricas, en las que puedes utilizar cualquier tipo de cuerda que te guste, un ukelele necesita un tipo especial de cuerdas, principalmente debido a su corta longitud. Las dos cosas importantes que debe tener en cuenta al seleccionar las cadenas son la longitud de la cadena y la afinación para la que se utiliza una cadena específica. Al principio, parecería complicado, pero a medida que el tiempo seguiría adelante, elegir la cadena correcta se convertiría en sólo la segunda naturaleza para usted.

Cuerpo

El cuerpo del ukelele promedio es similar al de una guitarra clásica, que es un contorno de reloj de arena con una pelea superior e inferior regular. El material y la calidad del cuerpo establecerán el tipo de sonido que producirá. Diferentes ukuleles pueden tener diferentes características tales como tamaños, formas, y el tipo de madera de tono utilizado en su creación. Discutiremos los diferentes tipos de ukuleles en los próximos capítulos.

¿Cuáles son las características de un buen ukelele?

Las personas que son nuevas en el mundo de los ukuleles suelen hacer esta pregunta, y la respuesta no es fácil de explicar. Por ahora, vamos a atenernos a las dos características de un buen ukelele - primero son los materiales utilizados en su fabricación, y el segundo es la experiencia de quien crea el ukelele.

La mejor madera de tono debe utilizarse para obtener las características auditivas requeridas, y el luthier (el que hace el instrumento) debe tratar de utilizar los más confiables. Los tonos estándar para un ukelele son caoba, arce, y muchos otros, pero uno de los mejores sería el de los Koa. Los ukuleles tradicionales se hicieron usando Koa, por lo que se considera la mejor madera tonal. Koa se encuentra naturalmente en Hawái, y ha sido examinado muchas veces por sus características. Obtendrás las mejores propiedades tonales si puedes encontrar un auténtico ukelele Koa. Sin embargo, incluso si se utilizara la madera tonal Koa de la más alta calidad, no haría ninguna diferencia si el luthier no es lo suficientemente hábil, y esto nos trae la segunda característica importante.

Aunque los ukeleles se fabrican en muchas partes del mundo, los mejores provienen de Hawái. Sin embargo, lo mejor no es barato. La razón por la que los ukeleles hawaianos son los mejores es que los luthiers aprendieron directamente de sus antepasados que hicieron el primer ukelele, por lo que, naturalmente, tendrían más conocimiento y experiencia en comparación con otros luthiers de todo el mundo. Nadie sabe de ukuleles mejor que los luthiers en Hawái.

En comparación con la guitarra acústica, el tamaño del ukelele podría producir un volumen más bajo y un tono más alto, lo que deja al luthier con menos margen de error. El primer rasgueo en un ukelele defectuoso revelaría todos sus secretos; puede que no sea obvio para alguien que es un principiante, pero un musico experimentado sabría al instante que algo no está bien.

CONSEJO: Al comprar un ukelele, trate de encontrar uno que pueda permitirse y sea fácil de tocar . Siempre puede actualizar a un instrumento mejor más tarde.

Malentendidos convencionales sobre ukuleles

La popularidad de los ukuleles en los últimos años ha dado lugar a muchos conceptos erróneos, y algunas de estas falacias se han extendido rápidamente. El delirio más común que la gente tiene es que los ukuleles son fáciles de tocar , lo cual no es cierto. Esta afirmación generalmente proviene de personas que sólo han visto algunos de los videos de Israel Kamakawiwo'ole. Israel tenía su propio estilo, y apenas tocaba acordes complicados. Un ukelele tiene sus acordes específicos y teoría musical, por lo que tomaría tiempo y esfuerzo para memorizarlos todos.

¿Qué tipo de música se puede tocar en el ukelele?

Esta es una pregunta que se hace bastante. A veces los musicos de ukelele se cansan de tocar esas canciones de playa hawaianas. Y empiezan a preguntarse qué más pueden tocar en su ukelele. Olvídate de tocar heavy metal, eso no va a suceder, pero es posible que puedas tocar jazz y blues. Si estás preparado para traducir las notas, esencialmente te perderás en blues durante horas, ya que tanto la el desechamiento como el rasgueo se consideran un estilo de juego auténtico.

Al igual que muchos otros instrumentos musicales de cuerda, se puede encontrar una versión amplificada de un ukelele. Este tipo de ukelele te permitirá adentrarte en un mundo de sonidos completamente diferente. Con esto, puede añadir diferentes efectos y ajustar fácilmente el volumen. Además, añadir un pedal de distorsión a la cadena de señal puede darte resultados que ni siquiera sabías que existían. El propósito de decirte todo esto es que no te limites a lo que otras personas te dicen. Más bien, descubra por su cuenta lo que su instrumento puede hacer.

Tan pequeño como un ukelele es, todavía puede realizar maravillas más allá de la imaginación de la gente.

¿Vale la pena aprender el ukelele?

Eso es algo que debes decidir por tu cuenta, pero si realmente quieres saber si estarías interesado en ello, encuentra a alguien que posea un ukelele, o dirígete a cualquier tienda de música y pruébalo.

Lo primero es lo primero, debe tener en cuenta que el ukelele no es fácil de tocar ; tienes que trabajar muy duro para ser bueno en ello. Pero una vez que empieces a tocar lo, rápidamente te volverás adicto a ella.

Un ukelele es tan sofisticado como otros instrumentos de cuerda, y su pequeño tamaño hace que sea aún más fácil de llevar. Esta es una de las principales razones para el aumento de su popularidad. En comparación con una guitarra de inicio justo, un ukelele de inicio costaría significativamente menos. Y si quieres unirte a la comunidad de ukelele, ten la seguridad de que este complejo se cuida el uno al otro.

Capítulo 2

Guía Sobre la Reproducción del Ukelele

Conocer tus manos

Una cosa a tener en cuenta es que ambas manos tienen mucho trabajo que hacer. La mayoría de las personas, incluso zurdas, usarán su mano derecha como la mano de rasgueo o de habla y la izquierda como la mano de acordes, que sostiene las cuerdas hacia abajo. Sin embargo, para algunos de los zurdos, es difícil expresar su tempo usando la mano no dominante. Lo que pueden hacer es voltear su instrumento y diseñar sus propias formas de acordes o restringer su ukelele. Es fácil de restringir, y puede revivir a las personas zurdas de la molestia agotadora. A lo largo del siguiente texto, podemos mencionar la mano derecha en lugar de la mano rasgueante y la izquierda en lugar del acorde. Por otra parte, si usted es zurdo, probablemente tendría que voltear todos los diagramas de acordes, ya que todos ellos se dibujan de una manera derecha estándar.

Le resultará más fácil hacer acordes si sus uñas están correctamente cortadas. Usted puede tener uñas largas en su mano derecha, ya que estos a veces pueden actuar como picos.

Sosteniendo el ukelele de la manera correcta

En cada escuela, se da mucho tiempo a enseñar a los estudiantes cómo sostener el instrumento musical de la manera correcta. Hasta que estén listos, a los estudiantes se les dan cajas de cartón y un palo para perfeccionar su técnica de sujeción. Aunque este no siempre es el caso con un ukelele, todavía debe centrarse en comenzar su viaje con una buena base. Si tienes cuidado al principio, más adelante, no tendrás que olvidar los malos hábitos, y te salvará de dañar tus tendones.

Ya sea que esté sentado o de pie, lo primero que debe hacer es mantener el ukelele cerca de su cuerpo. Usa el antebrazo derecho para obtener el ukelele en el pecho, aunque algunas personas usan una correa para mantener el ukelele en la posición óptima. Use su mano izquierda para sostener suavemente el ukelele en el lugar donde el cabezal se encuentra con el cuello. Cuando estés sentado, no uses una silla con brazos. Hasta que esté seguro de sus habilidades, siéntese cerca del borde del asiento. Para que sea más fácil, coloca la pierna derecha sobre la izquierda y deja que el ukelele se siente ligeramente en el muslo. Durante todo el proceso, recuerda relajar los hombros y respirar con frecuencia.

CONSEJO: No sostenga el instrumento demasiado apretado. Tenga un agarre suelto y relajado con la menor tensión posible en su cuerpo.

Tu primer acorde (C6) y el rasgueo del pulgar

Con un ligero arco en los dedos izquierdos, colóquelos entre los trastes; el pulgar estaría detrás del cuello, justo debajo del dedo índice. De arriba abajo, las cadenas se numeran como 4-3-2-1. Usa el pulgar para acariciar suavemente cada una de las cuerdas. El lugar óptimo para rasguear está justo al lado del lugar donde el cuello se encuentra con el cuerpo, pero si te sientes cómodo rasgueando en cualquier otro lugar, está bien. Mientras rasgue, diga las palabras de la canción clásica, "My Dog Has Fleas" relacionadas con la afinación de ukelele, junto con los tonos (G-C-E-A) y la numeración de las cuerdas (4-3-2-1).

Escuchas un agradable sonido calmante, ¿verdad? Ahora con un ritmo constante, rasgue todas las cuerdas de arriba a abajo; 1-2-3-4 y 1-2-3-4 y canta la canción, rema tu barco. Con el tiempo aprenderás a usar otros dedos para rasguear, pero aún así, para construir tu base, debes concentrarte en esos constantes.

El acorde que has estado produciendo hasta ahora con tu rasgueo del pulgar se conoce como C6. Es un acorde producido cuando todas las cuerdas se dejan abiertas, que es cuando no se utiliza la mano izquierda para el acorde, y se compone de las notas G-C-E-A. Como se mencionó en el capítulo anterior, estas notas son la afinación ideal para las cuerdas del ukelele, conocida como "Afinación C". A veces los libros antiguos te dicen que afinas tu ukelele para bajar la afinación de Bb, y en Canadá, la mayoría de la gente sintoniza la afinación D, que es más alta. Los libros modernos y la música en Internet pedirían Afinación C.

El acorde C7 y la mano de trastes

Supongamos que tiene una marioneta de mano en su mano izquierda, y está tratando de hacer que hable. Usted encontraría sus dedos en línea, tratando de tocar en su pulgar, y lo más probable es que su muñeca sería recta. Ahora gira la cara de la marioneta hacia ti mismo, tráela, pon el cuello del ukelele en su boca, y encuentra la primera cuerda de la parte inferior, que es la cuerda A. Con una ligera curva en los dedos, coloque las puntas de los dedos entre los trastes con el índice, el medio, el anillo y el dedo meñique en el primer, segundo, tercer y cuarto trastes, respectivamente. La muñeca debe seguir siendo recta, y el pulgar también debe estar justo debajo del dedo índice detrás del cuello del ukelele. Levante todos los demás dedos excepto el dedo índice, y debe estar en la primera cuerda, primer traste. Ahora, si el instrumento no estuviera allí, su mano estaría haciendo un signo "OK" con el dedo índice tocando el pulgar y un arco suave a cada uno de los dedos; su muñeca todavía sería unbent. Con todo en su lugar, rasgue el ukelele. Felicitaciones por producir tu primer acorde C7. Ahora puedes sincronizar este acorde con una canción como "Old Joe Clark".

Después de mucha práctica, te acostumbrarás a las formas de acordes. Sin embargo, siempre puede confiar en los diagramas de acordes. La primera línea horizontal en la parte superior, que es más oscura que otras, corresponde a la tuerca, y las otras líneas horizontales son los trastes del ukelele. De izquierda a derecha, las líneas verticales representan las cuatro cadenas (4-3-2-1). Si colocaras el ukelele justo al lado del diagrama de acordes, verías que se ajustarían entre sí. Los puntos que verías en los diagramas de acordes retratan tus dedos, y a veces hay números en las cuerdas del diagrama de acordes; están ahí para guiarte a poner el dedo derecho en la cuerda derecha.

Por Alan Levine de Strawberry, Estados Unidos - Trabajando en el acorde F, CC BY-SA 2.0, https://commons.wikimedia.org/w/index.php?curid=31211347

Sosteniendo un acorde F

El acorde F

Los dedos de la mano de acordes, índice a través de pinky, se numeran como 1-2-3-4, respectivamente. En el siguiente texto, podemos dirigir los dedos por sus nombres, sólo por simplicidad. Como se mencionó anteriormente, cuando se toca el acorde C7, el dedo índice está en el primer traste de la primera cuerda. Mueva esa yema del dedo al primer traste de la segunda cuerda y coloque la punta del dedo medio en el segundo traste, la cuarta cuerda (la cuerda en la parte superior). Lo que acabas de hacer es el acorde F. Ahora rasgue este acorde. Asegúrese de que sus dedos no están tocando ninguna otra cuerda, y usted está utilizando sólo las puntas de su índice y el dedo medio, o de lo contrario el acorde no sonaría bien. Cuando estés practicando, presta atención a cómo son tu muñeca y tu pulgar. Evite que hagan formas inapropiadas y manténgalas relajadas. Este es el momento de construir hábitos útiles. Mientras experimenta entre el acorde F y C7, verá que el dedo medio deja la cuarta cuerda y el dedo índice se mueve hacia abajo desde la segunda cuerda hasta la primera, el traste no cambia. Piensa en cómo se mueven los dedos entre un acorde y el otro. Una vez que usted consigue una idea del flujo, rasguea algunos latidos lentos en ambos acordes y prevea cómo se lleva a cabo el flujo. Cuando tengas éxito en hacer esto, sabrás que tienes que reducir el número de latidos, o tienes que aumentar la velocidad.

Lectura de los diagramas de acordes

La mayoría de las veces, las canciones comunes se escriben con los diagramas de acordes o los nombres de acordes por encima de ellos; esto se conoce como el "estilo de fogata". En los diagramas de acordes donde cambia la sílaba, los acordes se mencionan directamente encima de estos cambios. Considere la canción "Feliz Cumpleaños para Usted", que es la encarnación de una canción con la que todos están familiarizados. Es la canción que puedes tocar fácilmente usando los dos primeros acordes que has aprendido hasta ahora.

El tono para empezar es C. Antes de empezar, canta la canción para ti mismo y localiza tu nota en la tercera cuerda. La canción tiene un ritmo de 1-2-3, 1-2-3. Sosteniendo un acorde C7, rasguea ese ritmo y luego canta "Happy"... en el tercer ritmo, luego cambiar a F para "Nacimiento" y así sucesivamente. Mientras que rasgue, cante y cambie los acordes, el objetivo es hacer un ritmo constante.

El acorde G7

Para aprender el acorde G7 establecer sus dedos de la misma manera que siempre para el acorde F. Coloque el dedo índice en la segunda cadena. Mueva el dedo medio en la 3a cuerda y coloque las yemas de los dedos del anillo en la 1a cuerda, tanto el anillo como el dedo medio estarían en el segundo traste. Para que esta posición sea posible, las yemas de los dedos y el pulgar deben estar correctamente ajustados. La forma de este acorde es la de un triángulo que apunta a la tuerca. Ajuste los dedos hasta que dé un sonido adecuado. Puede tomar tiempo para crear la fuerza del dedo y el posicionamiento. Lo que acaba de realizar fue la tarea más difícil en esta lección, así que ahora dése un poco de aprecio; te lo has ganado. Puede cambiar al acorde F de la misma manera que se ha movido a C7 de F. Practique este turno y después intente pasar a C7 desde el acorde G7.

Práctica

Vamos a tocar una canción porque eso hará que practicar sea mucho más interesante. Para cantar y tocar la canción "99 Bottles of Beer on the Wall", es necesario tocar los acordes en este orden: F luego G7 y luego C7. Creo que te convertirás en un experto en los cambios de acordes para cuando llegues a la última botella. Una canción tradicional hawaiana, "Popoki Make a Cat", es otra canción divertida que puedes tocar y cantar usando los cambios de acordes mencionados anteriormente.

El acorde de Do Mayor

Hasta ahora, has aprendido acerca de los acordes C7 y C6, así que ahora aprenderás sobre el acorde mayor de Do. El mismo método de aprendizaje que C6 se utilizaría para C mayor. Finge hacer una marioneta de mano con tu mano de inquieto o acordes y trae esa marioneta; poner el cuello del ukelele en la boca de la marioneta y colocar todos los cuatro dedos en la primera cuerda entre los trastes, con el pulgar en la parte posterior del cuello. Deje sólo el dedo anular y el pulgar en su ukelele; verás que tu dedo anular está en el tercer traste. Ahora rasgue este acorde; felicitaciones por hacer el acorde de Do mayor. Como el ukelele está sintonizado en la afinación C, el acorde de Do mayor es algo que va a tocar mucho.

CONSEJO: También puedes sostener tu mano como si estuvieras sosteniendo una pelota de tenis en ella.

Es posible que haya notado que el sonido de Do mayor es diferente de los acordes C7 y C6. En el nombre del acorde, la "C" simplemente indica su dependencia de la nota "C." El número o palabra después de "C" muestra el adjetivo musical, la calidad o sabor que poseen. Sólo decimos C en lugar de C mayor; porque los acordes principales se utilizan regularmente, poseen un "sabor" neutro y están escritos sin ningún adjetivo.

"Tres pájaros" de Bob Marley es una elección eterna. Es fácil de tocar y cantar, y es posible que ya conozca su melodía y letras memorables. Mediante el uso de un ritmo fuerte, se puede hacer esta canción más interesante, y es una buena oportunidad para probar un poco de rasgueo de contraste.

El ritmo 1 y 2 y 3 y 4 y 1 y 2 y 3 y 4, etc., es la base de la mayoría de las canciones con las que estamos familiarizados. Estos números son los latidos o downstrokes y se colocan en grupos de cuatro; lo llamamos "tiempo común" porque este ritmo es tan común en la música. En la canción, los "ands" son los upstrokes. Para los upstrokes, usamos los dedos de la mano derecha, ya que es difícil rasgar con el pulgar.

Ahora, imagine que usted está sobre el fregadero de la cocina y tratando de sacudir el agua de sus manos; se vería que es un cierto movimiento desde el codo, un pequeño giro de la muñeca, y voltear los dedos. Así es como debería ser un buen rasgueo. Depende de usted si usted utiliza el dedo índice o grupo de dedos, pero lo más importante es mantener la calma y la calma.

Ahora vamos a dar una variedad a nuestro juego. Juega sólo los ritmos pares: eso es 2 y 4 para un simple rasgueo retro. Usted puede obtener otro backbeat jugando sólo los upstrokes.

Un rasgueo muy pequeño y complejo es el "doo wack-a do". Al ccpillar la cuarta cucrda, sc obtiene una ligera, parcial rasgueo hacia abajo en los ritmos 1 y 3, pero para los ritmos uniformes, se da un rasgueo intensificado hacia abajo, y más tarde, tocar el optimista.

Capítulo 3

Comprensión de los Acordes de Ukelele para Principiantes

Antes de empezar a aprender los diferentes acordes, asegúrese de que usted tiene una buena calidad del ukelele. Cuando se juega en un ukelele barato, el sonido requerido no se producirá, por lo que podría pensar que usted es el culpable. Sé que, para un principiante, un ukelele más barato es más factible, pero ahorrar algo de dinero en su ukelele inicial significa que está comprometiendo la calidad. Si usted compra un ukelele barato, es posible que no sea capaz de generar las notas correctas, y puede seguir sinfinar, por lo que tendría que volver a ajustarlo de nuevo, lo que resulta en una gran cantidad de tiempo perdido. La otra cosa que debe estar seguro de es que su ukelele está correctamente afinado, de lo contrario los acordes y las notas que producirá sonarían horribles.

Ahora empecemos nuestra lección. Lo primero que debe memorizar es qué dedo representa qué número. De índice a meñón, los dedos se numeran como 1-2-3-4.

Dónde colocar los dedos

Las cuatro cuerdas del ukelele están representadas por las cuatro líneas verticales en un gráfico de acordes. Si usted ha tocado previamente la guitarra, usted vería las similitudes entre la pestaña ukelele y una pestaña de guitarra. La primera cadena de la izquierda suele ser la cadena G y puede ser la cadena más gruesa; sin embargo, esto no siempre es así.

Puede ajustar su ukelele de varias maneras, y una de esas maneras es el método de re-entrada. El orden de las cadenas puede ser diferente según el tipo de ajuste que esté utilizando. Como la mayoría de los ukuleles se ajustan en el método re-entrant, la cadena G no es la más gruesa; esta es la cadena C. Tenga en cuenta que todos los gráficos se ordenan como G-C-E-A (afinación estándar del ukelele), y cuando comparamos esto con la numeración de las cadenas 4-3-2-1, nos dice que la 4a cadena es G, la 3a es C, 2a es E y la 1a es A.

Explicar el método de re-participante

El método de re-entrada es tan popular como el método de ajuste estándar. Los ukuleles de soprano, tenor y concierto se ajustan comúnmente en el método estándar. De hecho, los ukuleles barítonos y tenores son los únicos que no están sintonizados en el método de re-entrada. La afinación de re-entrant impide que las cuerdas de ir a alto de bajo. Por ejemplo, el método de afinación de re-entrada se utiliza para ajustar los ukuleles soprano. Es fácil acostumbrarse al tamaño de la soprano uke, y es por eso que es bien conocido entre los principiantes. Si usted, como principiante, fuera a aprender en una soprano, usted será fácilmente capaz de aprender nuevos acordes en ella.

Comprender los símbolos
Sólo tienes que recordar dos símbolos importantes de ukelele en las cartas de acordes. Uno es el círculo negro, que es el más utilizado. Cuando este símbolo está presente, significa que tienes que preocuparte por una nota. Cuando este símbolo está presente, también se escribiría un número para ayudarle a poner el dedo derecho en la cadena derecha. El otro símbolo es el círculo blanco, que representa una cadena abierta. Los G-C-E-A son las notas mencionadas en las cuerdas abiertas. Si puedes recordar estos, te ayudaría mucho en colocar los dedos en las cuerdas correctas.

Si usted es un principiante completo, es posible que desee aprender los símbolos para los acordes de ukelele también. Un pequeño m se refiere a un acorde menor, y una M mayúscula se refiere a un acorde principal. Por ejemplo, si se escribe "Am", significa "A" acorde menor; de manera similar, si se escribe "AM", significa "A" acorde principal.

Aprender a tocar los acordes de ukelele más fáciles
Puedes aprender los acordes de ukelele en el orden que quieras, pero aprenderlos en orden alfabético podría ser la mejor manera. La mayoría de los libros primero le enseñarán los acordes relacionados con la tecla C, y más tarde en las otras teclas.

En el capítulo anterior, aprendimos acerca de algunos de los acordes, específicamente el do mayor, C7, F mayor y G7. Así que no volveremos a pasar por ellos. Si necesitas mirarlos, simplemente ve al capítulo anterior.

Primero, aprenderemos los acordes más fáciles, y después, aprenderemos los más difíciles. Comencemos a aprender sobre el menor do, un menor, un mayor y A7. Después de aprender a tocar estos acordes C fáciles, usted podría pensar que el ukelele no es tan difícil, pero no se deje engañar; estos acordes son sólo la punta del iceberg.

Con todo lo dicho, empecemos. Para hacer un acorde de Do menor, puede usar un acorde de barre (usando un solo dedo para sostener diferentes cuerdas) en las segundas (C), terceras (E) y cuartas (A) cuerdas o usar sus tres dedos; el traste sigue siendo el tercero. El acorde menor do también tiene otras variantes, que se pueden aprender en el futuro. Si eres un principiante, te recomendamos que uses los dedos en lugar de un acorde de barre.

Para el acorde mayor A, coloque el dedo medio en la cuerda G (4a cuerda) del segundo traste y el dedo índice en la cuerda C (3a cuerda) del primer traste. Un menor es como un acorde mayor o simplemente, un acorde. Para producir "A" menor, simplemente coloque el dedo medio en el segundo traste de la cuerda G. Ahí lo tienes un acorde menor. Para producir un acorde A7, coloque el dedo índice (primer dedo) en el primer traste de la cuerda C. Los acordes C y A ya son bastante fáciles de tocar, pero si tienes alguna experiencia con otros instrumentos de cuerda, estos acordes serán aún más fáciles.

Aprender las D, F y G

Aprenderemos más adelante las B y E; por ahora, vamos a aprender otro conjunto fácil de acordes - D, F, y G.

El Fm (F menor) es un acorde complicado. Para este acorde, tendría que colocar el dedo índice y el dedo medio en la cuerda G y E respectivamente; el traste para ambos es el primero. Después de esto con el dedo anular golpeó la cuerda A en el tercer traste.

Para el acorde D, coloque el dedo índice en la cuerda G, el dedo medio en la cuerda C y el dedo anular en la cuerda E; el traste es el mismo para todos ellos, el segundo traste. El Dm y el acorde F son muy similares. Para producir un acorde Dm, simplemente agregue su dedo anular al segundo traste de la cuerda C, es decir, si ya está en la posición de un acorde F.

Para el acorde G, tendrás que colocar tus primeros tres dedos muy cerca uno del otro. Es posible que sientas una pequeña cantidad de calambres, pero con un poco de práctica, tus músculos se acostumbrarán a ello. Para producir el acorde G, coloque el dedo índice en el segundo traste de la cuerda C, el dedo medio iría en el mismo traste pero de la cuerda A. El dedo anular iría en el tercer traste de la cuerda E.

Aprender sobre el acorde B

El acorde mayor B es algo que no tocarás a menudo, y eso es bueno porque es complicado en comparación con los otros acordes. Aunque todavía es importante aprender, y debe guardarlo para el momento en que lo necesite.

Para tocar este acorde, necesitarás usar un acorde de barre. El acorde Barre significa usar un solo dedo para mantener presionadas varias cuerdas en el mismo traste. Por lo general, un acorde de barre se crea colocando el primer o el dedo índice en varias de las cadenas al mismo tiempo. Aún así, en comparación con el acorde B, hay otros acordes complicados que exigen que utilices diferentes dedos para un acorde de barre.

Para crear un acorde B, utilice el dedo índice para trastear las cuerdas E y A en el segundo traste. Ajuste su dedo medio (segundo) en el tercer traste de la cuerda C y el dedo anular en el cuarto traste de la cuerda G. Este acorde puede parecer un poco difícil, así que primero, deberías practicar los otros acordes y probar este acorde algún otro día.

Dado que el acorde Bb (B flat) aparece más a menudo en las canciones populares, es más significativo que el acorde B. Para un acorde Bb, tendrás que usar un acorde de barre. Coloque el dedo índice en las cuerdas E y A del primer traste. Tendrías que bajar la muñeca para poder poner el dedo medio (segundo) en el segundo traste de la 'C' o la segunda cuerda y el dedo anular (tercero) en el tercer traste de la cuerda G.

Como este acorde se utiliza a menudo en la clave de F para las canciones de ukelele, lo estarías usando con bastante frecuencia. Así que tendrías que practicar un poco más difícil para ser bueno en este acorde. Si este acorde sigue siendo un poco difícil para usted, entonces primero debe aprender el acorde Gm7. El acorde Bb y el acorde Gm7 son casi los mismos. En un acorde Gm7, todo es lo mismo que el acorde Bb (B plano), excepto que levantas el dedo anular. Cuando sea necesario, puede utilizar el acorde Gm7 en lugar del acorde Bb, pero aún así, debe dominar el acorde Bb.

Aprender el acorde E muy importante
Te ayudaría mucho para producir el acorde E si pones un esfuerzo en aumentar la resiliencia y el rango de tus dedos. Puede lograr esto haciendo algunos ejercicios con los dedos diariamente. Estos ejercicios también aumentarán su resistencia.

Para crear un acorde E, comience con el dedo índice en la cuerda G (4o) en el primer traste. A continuación, coloque el dedo medio (segundo) en el segundo traste de una cuerda. Para el dedo anular, extiende el cuarto traste de la cuerda C. Hay otros métodos para tocar el acorde E, pero este es el más fácil.

En los cancioneros, es posible que encuentre una versión diferente del acorde E. Esta versión requeriría que usted utilizara un acorde de barre en el cuarto traste de las cuerdas G, C y E. El dedo índice iría en el segundo traste del acorde A.

Como se mencionó anteriormente, hay otras versiones del acorde E, y si quieres tocar el ukelele, al menos deberías dominar una de ellas.

Aprender los otros acordes menores

Ya estás familiarizado con algunos de los acordes menores, pero también hay otros importantes que deberías aprender. Los acordes principales producen un sonido fuerte y feliz, mientras que los acordes menores producen un sonido más suave. Tanto los acordes menores como los principales son de igual importancia, por lo que debe aprenderlos. Echemos un vistazo a los acordes menores B, E y G.

El Bm es difícil. Para esto, utilice un acorde de barra en el segundo traste de las cuerdas C, E y A y también coloque el dedo anular en el cuarto traste de la cuerda G.

Si a estas alturas, has dominado el acorde Bm, entonces no hay nada que temer. Para crear Em, establece el dedo índice en el primer traste de la cuerda A, el dedo medio en el tercer traste de la cuerda E y el dedo anular en el cuarto traste de las cuerdas C.

Para el acorde Gm, comienza con el dedo índice en el primer traste de A. A continuación, coloque el dedo medio en el segundo traste de la cuerda C. Por último, el dedo anular iría en el tercer traste de la cuerda E.

Aprender los 7o Acordes

Los acordes 7 aparecen en las canciones de jazz y blues con mucha frecuencia, y añaden un alma y un ambiente feliz a la música. Como ya está familiarizado con A7 y C7, sabe que estos son bastante fáciles.

En comparación con A7 o C7, el B7 es más resistente. Para crearlo, coloque un acorde de barre del dedo índice en el segundo traste de las cuerdas G, C y A. Tu dedo medio iría en el tercer traste de la cuerda C.

Para el D7 de nuevo, utilice el dedo índice para colocar un acorde de barre en el segundo traste de cuerdas G, C y E. Después, coloque el dedo medio en el tercer traste de una cuerda.

El F7 es similar al acorde F. Para el acorde F, sólo tiene que añadir el dedo anular en el tercer traste de la cuerda C.

Para hacer que el acorde E7 establezca el dedo índice en el primer traste de la cuerda G. El medio y el dedo anular irían en la cuerda E y A, respectivamente; ambos dedos estarían en el segundo traste.

CONSEJO: Tómese su tiempo al aprender los acordes y no se salte hacia adelante. De lo contrario, te desanimarás rápidamente.

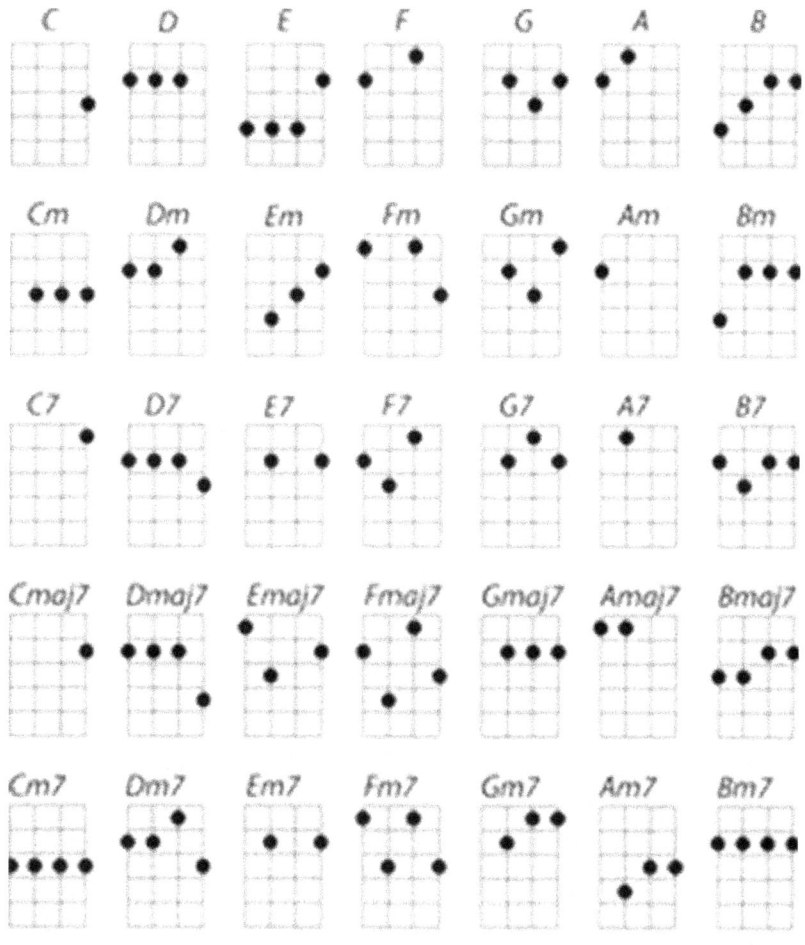

Ukelele Basic Chord Chart

Capítulo 4

Consejos Principales para Tocar el Ukelele

En Internet, encontrará muchos de estos 10 mejores consejos. A ellos, voy a añadir algo de mis consejos personales para los musicos principiantes. Haré todo lo posible para darle algunos consejos útiles, que le ayudarán a avanzar en su viaje en el mundo del ukelele.

Obtener un buen ukelele

Si usted es serio acerca de tocar el ukelele, esto es lo más importante a tener en cuenta. Una cosa es cierta; por debajo de $50, no encontrará ninguna buena calidad de ukelele. El principal problema con el ukelele más barato es que no permanecen en sintonía por mucho tiempo. Lo sé porque una vez cometí el mismo error de novato. Por 45 dólares, compré una soprano de Harley Benton. En el momento en que lo rasguea, la cuerda E saldría fuera de tono inmediatamente. He compartido mi experiencia con ustedes, así que ahora tenga cuidado cuando esté comprando un ukelele. Para al menos cumplir con el punto de referencia, tendría que gastar alrededor de $100. Cualquier cosa más baja, y la calidad no estará allí.

Sostenga el ukelele de la manera correcta
Mantener el ukelele de la manera correcta le ayudará mucho en los años venideros. Como mencionamos en uno de los capítulos anteriores, si tienes cuidado al principio, no tendrás que desaprender malos hábitos, y te salvará de dañar tus tendones. Ya sea que esté sentado o de pie, pruebe diferentes posiciones durante algún tiempo. Cuando estés sentado, no uses una silla con brazos. Si usted es un principiante y no está seguro acerca de sus habilidades, usted debe sentarse cerca del borde del asiento. Con la pierna derecha cruzada sobre la izquierda, puedes permitir que el cuerpo del ukelele se siente ligeramente en el muslo, y puedes dejar que tu brazo rasgueante se apoye en la parte superior de la pelea del ukelele. Esto haría que el cuello del ukelele flotase en el aire. Ya sea que estés de pie o sentado sostienes el ukelele cerca de tu pecho, y usando tu antebrazo derecho o rasgueante, puedes conseguirlo allí. Algunas personas usan una correa para mantener el ukelele en la posición óptima, pero creo que sólo añade peso innecesario a ella. Al principio, tendrías que practicar más duro, pero después, obtendrás los resultados de todo tu arduo trabajo. Tómeme como ejemplo; al principio, también tuve algunas dificultades, pero ahora toco el ukelele mientras camina por la casa. Un pequeño consejo: no empuje el ukelele demasiado fuerte contra el pecho; un ukelele es un instrumento acústico, por lo que necesita espacio para que las vibraciones se propaguen a través de su cuerpo.

Disfruta de ti mismo

El ukelele es un instrumento divertido y amigable. Debido a su pequeño tamaño, algunas personas lo llaman un juguete, pero lo que sea, cuando juegas con juguetes, te diviertes. No se deje engañar por su tamaño; es un instrumento completamente único, con sus acordes únicos y teoría de canciones, que puede ayudarle a realizar cosas increíbles. Para ser bueno en ello, tendrías que practicar muy duro, así que no lo tomes a la ligera. Cuando estás familiarizado incluso con los acordes muy básicos del ukelele, todavía puedes realizar maravillas con él. Así que tótalo para disfrutarlo, y sin siquiera saberlo, te estarías volviendo bueno en ello cada día.

Primero, aprende los conceptos básicos

Cuando vayas a YouTube o a los diferentes sitios web en Internet, encontrarás que puedes realizar cosas maravillosas con el ukelele. Como cualquier otra cosa en la vida, para el ukelele primero, tendrías que aprender lo básico. Comience por aprender los menores, las especializaciones y otros acordes básicos que mencionamos en los capítulos anteriores. Una vez que seas bueno en los acordes, estarás tocando un montón de canciones. Entonces no estarás pensando cómo tocar un acorde específico porque para entonces, se convertirán en la segunda naturaleza para ti.

Tocar , tomar descansos y tocar de nuevo

Sea lo que sea que trates de aprender, hay un proceso de arte y ciencia detrás de él. Construir tu "Memoria Muscular" es el proceso al que me refiero. Es la forma en que sus movimientos y actividad motora se almacenan en su memoria. Por ejemplo, las progresiones de acordes que estarías tocando comenzarían a incrustarse en tu memoria. Si estás tocando una transición de acorde de un acorde de E menor a un acorde C repetidamente, esta progresión se volvería tan arraigada en tu memoria muscular que empezarías a tocarla incluso sin pensar conscientemente en todas las transiciones. Así que sin centrarse en cómo se reproduce una canción, se convierte en automática para usted.

Para reproducir una canción sin ninguna dificultad, tendrías que desarrollar memoria muscular, y para que esto sea posible, a menudo tendrías que tomar descansos. Mientras aprende diferentes acordes y toca repetidamente una canción, tome descansos a menudo para permitir que su memoria muscular tome en lo que practicó. Cada vez que vuelvas a tocar una canción, te resultará más fácil, y se volvería más automático para ti tocar esa canción.

Aprender Teoría de la Música
Sería útil aprender sobre la teoría de la música si quieres tomar en serio tu reproducción de ukelele. El lenguaje de la música es lo que se conoce como la teoría musical. Te convertirías en un músico mucho mejor si tuvieras algunos conocimientos básicos sobre teoría musical. Si usted puede aprender lo esencial de la música, usted sería capaz de hacer más experimentos con su reproducción de ukelele. Y si quieres hacer tus propias canciones, entonces aprender la teoría de la música es algo para lo que deberías hacer tiempo.

Reproducir lentamente

Cuando hayas aprendido el rasgueo fundamental y algunos acordes básicos, a su debido tiempo, comenzarás a hacer la transición entre acordes. Al principio, haz todo lo posible para no cometer ningún error tocando tan lentamente como puedas y practica esto mucho con muchos tipos diferentes de acordes. En lugar de ser rápido, recuerde que el punto más importante es ser preciso y preciso. Cuando empieces a tocar usando tablaturas, todavía debes intentar tocar lentamente. Al principio, no intentes ninguna canción difícil con muchas transiciones de acordes diferentes; en su lugar, elija algunas canciones fáciles con acordes fáciles y recuerde tocar lento. Después de ser bueno en esas canciones fáciles, probar algunas de las canciones difíciles, y luego se puede empezar a trabajar en su velocidad.

CONSEJO: Aprende a tocar con un toque ligero. El objetivo no es producir un sonido fuerte. El objetivo es producir música bonita.

Escuchar a los musicos de ukelele y tocar a lo largo

Si eres parte de una banda, toma tu ukelele y toca junto con tus amigos. Si no estás en ninguna banda, no hay problema en compartir el ukelele con tus amigos influir en ellos para que también puedan tocarlo. Incluso esto no funciona, no se preocupe, sólo tiene que ir en línea en su teléfono o su PC y ver videos de ukelele y tocar junto con ellos. Todos estos métodos le ayudarán a sentir el inmenso placer que proporcionan los ukuleles. Conozco a algunas personas que acaban de ver videos y tocar junto con ellos para llegar a ser realmente muy buenos en el juego del ukelele. Así que cuidadosamente ver y escuchar el ritmo, y poco a poco, usted comenzará a mejorar al tocar el ukelele.

Grabar y escuchar su reproducción

Es intrincado para tocar y también escucharse a sí mismo simultáneamente. La grabación es una manera que puede permitirle escuchar sus defectos, y la mayoría de las veces, simplemente conocer su problema puede ayudarle a corregirlo. Grabarse a sí mismo también puede ayudarle a acostumbrarse a tocar frente a un micrófono, por lo que cuando llegue el momento en que decida grabarse adecuadamente, no tendrá el nerviosismo.

Entrenamiento con dedo

Sé que esto puede parecer un montón de trabajo. Ya estás aprendiendo diferentes formas de acordes, diferentes maneras de rasguear, y cómo hacer la transición entre diferentes acordes; también tendrías que hacer este entrenamiento con los dedos también. Esto ayudaría a acumular callosidades (un área de la piel que se ha vuelto más difícil debido a la fricción continua) en los dedos. Puede parecer extraño acumular callosidades en los dedos, pero una vez que empieces a tocar el ukelele, te ayudará a evitar que las cuerdas te lastimen los dedos. Las cuerdas de nylon no duelen tanto, pero las cuerdas de acero definitivamente lo hacen.

Me parece que los ejercicios mencionados a continuación son muy útiles.

Primero con el dedo índice en el primer traste justo detrás de la primera cuerda, arranca la cuerda abierta, luego con el dedo medio que estaría en el segundo traste de la misma cuerda, luego con el dedo anular en el tercer traste de la primera cuerda y finalmente con su meñique en el cuarto traste de la primera cuerda, desplumar la cuerda abierta. Ahora repita el patrón moviéndose hacia arriba con el meñique en el cuarto traste de la primera cuerda arrancando la cuerda abierta, luego con el dedo anular en el tercer traste de la misma cuerda, luego con el dedo medio de nuevo en el segundo traste de la misma cuerda y el dedo índice en el primer traste de la primera cuerda. Haga esto para la segunda cadena, luego para la tercera y, por último, para la cuarta cadena. Usted debe hacer este ejercicio un par de veces justo antes de comenzar su práctica. Te ayudará a calentar los dedos y también te ayudará a endurecer las yemas de los dedos. También puede hacer este ejercicio con la mano derecha; te ayudará a enloomblar. La otra cosa que ayuda en el endurecimiento de las yemas de los dedos en el punto de partida es tocar varias veces durante menos tiempo (durante unos 10 a 15 minutos) en lugar de tocar una vez durante una duración más larga, 60 a 90 minutos.

Para endurecer las yemas de los dedos, al menos tendrías que tocar de 10 a 15 minutos, incluso si tienes menos tiempo todavía hacer el entrenamiento con los dedos. Salvará sus dedos del daño en el futuro.

Un consejo final

Las uñas en la mano de traste debe ser cortada muy corto porque las uñas ayudan a producir los sonidos que hace su ukelele. Para hacer un traste limpio que produzca sonidos distintos, las uñas deben mantenerse cortas y limpias. Usted puede dejar que las uñas en la mano rasgueante crecen, ya que estos a veces pueden actuar como picos, lo que puede ayudar a producir grandes sonidos.

CONSEJO: Practique durante unos minutos todos los días. Incluso 5 minutos al día puede hacer la diferencia!

Capítulo 5

Tipos de Ukuleles

Los ukuleles son tan convincentes y proporcionan placer mientras juegan. Proporcionan frescura y relajación a la mente. Sus tonos claros y relajantes hacen que los acordes suenen tan maravillosos, y si lo comparamos con otros instrumentos, entonces no es tan difícil aprenderlo.

Sus cuatro cuerdas hacen que sea fácil de tocar, y por suerte para la mayoría de sus canciones favoritas, sólo requiere el uso de pocos acordes. Así que comprar el ukelele es la mejor opción entre los instrumentos musicales. Ahora vamos a discutir algunos de los tipos de ukelele.

Creative Commons

Tipos de ukuleles

Soprano Ukuleles

El ukelele soprano, por ejemplo, el Kala KA-15S, es el más favorecido y conocido de todo tipo de ukuleles. El sonido de este ukelele está muy relacionado con el original, y en Hawái, se considera como el "estándar" porque su tamaño se compara en gran medida con el real.

Este ukelele es el más pequeño de todos, y consta de 12-15 trastes, y estos trastes son más estrechos, lo que los hace fáciles de tocar , y lo más importante es que estos trastes no exigen el estiramiento de los dedos tanto.

La soprano es la mejor opción si quieres tocar el ukelele más convencional. Como la soprano es de menor tamaño, por lo que es más barato, así, en comparación con los estilos más grandes ukuleles.

Especificaciones

- Su longitud de escala es de 13 pulgadas.
- Su longitud total es de 21 pulgadas.
- Su afinación común es G-C-E-A (HIGH G).

Concierto Ukuleles

Los ukuleles de concierto, como el Córdoba 15 CM, son el siguiente en tamaño con la soprano. También posee el tono de sonido tradicional, pero su sonido es extensamente más completo y más fuerte. Como su tamaño es más grande que la soprano por lo que sus trastes también son más amplios, y este ukelele es la mejor opción para el que tiene las manos más grandes como para ellos, es fácil de navegar. Los ukuleles de concierto tienen un sonido multifacético.

Especificaciones

- Su longitud de escala es de 15 pulgadas.
- Su longitud total es de 23 pulgadas.
- Su afinación común es G-C-E-A (High G).

Tenor Ukuleles

Tanto para la soprano como para los ukuleles de concierto se encuentran los ukuleles tenores, como la Caoba del Tatuaje Luna. Ofrecen un sonido aún más extenso. Debido a su increíble sonido, son famosos por los músicos profesionales. En soprano y ukelele de concierto, utilizamos sólo la G alta, pero en cuanto al tenor, podemos encajarlo con cuerda G inferior, así como con cuerda G alta.

Cuando quieres un diapasón en movimiento y un tono más profundo en tu ukelele, entonces un ukelele tenor es el mejor. De lo contrario para el sonido clásico, la soprano y el concierto son mejores.

Especificaciones

- Su longitud de escala es de 17 pulgadas.
- Su tamaño total es de 30 pulgadas.
- Su afinación común es D-G-B-E.

Barítono Ukuleles

El ukelele barítono está relacionado con el tamaño de guitarra estándar, por ejemplo, el Kala KA-B. Al igual que las cuatro cuerdas más altas en una guitarra, se afina de la misma manera. El ukelele barítono posee el sentimiento y el sonido del ukelele puro, pero su sonido no es tan ligero como el de la soprano y los ukuleles de concierto, ni crean tanta resonancia.

Para los principiantes, el ukelele barítono posiblemente no es para ellos porque su afinación y formas de acordes son muy diferentes de otros ukuleles, y su tamaño comparable a la guitarra también hace que sea difícil de tocar.

Especificaciones

- Su longitud de escala es de 19 pulgadas.
- Su longitud total es de 30 pulgadas.
- Su afinación común es D-G-B-E.

Especialidad Ukuleles

Los ukuleles especiales también existen además de los ukuleles de tamaño estándar. Estos ukuleles se forman principalmente en combinación con algunos otros instrumentos. Si quieres algún instrumento variable sólo por diversión, entonces un ukelele especial es la mejor opción, pero si eres un principiante, entonces se recomienda seguir con ukuleles estándar.

Banjoleles

Banjoleles como el Oscar Schmidt OUB-1 son como los ukuleles en la afinación, así como el tamaño, pero te dan un tono de banjo rasgueante debido a su cuerpo estilo banjo. Un banjolele es un instrumento de cuatro, cinco o seis cuerdas.

Guitarleles

Los guitarroles son ukuleles de seis cuerdas, y están afinados como una guitarra. El mejor ejemplo es la Yamaha GL1. Los guitarristas no necesitan aprender este instrumento porque se toca como una guitarra, pero da un sonido como un ukelele. Y es una gran oportunidad para los musicos de ukelele también para aprender una guitarra.

Recomendaciones

El tipo de ukelele que debe reproducir depende de su elección y gusto de la música, y más a menudo, su grado de práctica y perfección en el juego.

Si usted es un principiante para aprenderlo, entonces usted debe ir por un ukelele soprano o ukelele concierto. Estos dos ukuleles tienen un sonido tradicional que podría estar ya insertado en tu cerebro. Su tamaño también hace que sean fáciles de tocar y formar acordes.

Si usted está buscando un sonido diferente y también ama una pieza de música avanzada, entonces usted debe pegarse a un tenor y ukelele barítono. Te parecerá bien. Mientras que la elección de un ukelele adecuado, su tamaño importa mucho. Si tienes manos pequeñas, entonces para tu facilidad debes pensar en la soprano y los ukuleles de concierto. Para manos más grandes, la soprano y los ukuleles de concierto no son comparables al tamaño de las manos, y podría ser difícil para usted tocarlos, por lo que en este caso, debe elegir el ukelele de algún tamaño más grande como tenor o barítono que sería agradable para usted.

Pero no importa el tamaño que elija; depende de ti cómo manejas y juegas tu ukelele.

Capítulo 6

Notas del Ukelele

Refiriéndose al teclado del piano es una de las mejores maneras de tocar las notas y conocer mejor su ukelele. A lo largo de este texto, nos referiremos a las partes del teclado que se relacionan con el ukelele. Te ayudaría mucho si puedes probar las cosas que te dirían en un teclado. Puedes usar cualquier teclado, ya sea un teclado electrónico o un piano, pero si no tienes acceso a uno, simplemente entra en línea y busca un simulador de piano. Experimente en cualquier teclado en línea simulado que funcione para usted.

Creative Commons

Notas de cada cuerda y cómo sostener un acorde G

Escalas musicales

Las escalas musicales son las bases de toda la música, y entre ellas, la escala mayor de la C es la más conocida y la más fácil. Sólo las teclas blancas del piano se utilizan para tocar la escala mayor C. C-D-E-F-G-A-B comprende la escala C. Por lo general, a las siete notas mencionadas, también se incluye una repetición de la C, que es la primera nota, que luego se convierte en el número 8.

Cualquier nota del teclado se puede transformar en una escala. Cada una de estas escalas tiene patrones específicos. Uno de esos patrones son las escalas principales, y los otros patrones son las escalas menores. Para nuestros propósitos, no necesitamos saber cómo se forman las escalas. Sólo tenemos que tener en cuenta que cada escala tiene un orden específico para los diferentes patrones de notas. Una o dos teclas negras en el piano se utilizan en otras escalas principales; sólo la escala mayor C es la que utiliza sólo las teclas blancas.

Usted vería que cada tecla negra se menciona con un á (afilado) y un b (plano). Dependiendo de la escala en la que se encuentra, tendría que llamar a una clave negra específica un plano (b) o un sharp (o sharp), pero para los musicos de ukelele, no es importante. Por lo tanto, una clave negra entre D y E se puede abordar como un D o un Eb. No importa lo que llames la llave negra, pero importaría si empezaras a componer música.

Cuando repita la escala mayor C, asegúrese de incluir una repetición de la C que se convertiría en: C-D-E-F-G-A-B-C

También hay cinco teclas más entre las ocho teclas de escalas principales de C, y todas ellas son negras. Estos no están incluidos en la escala mayor C. Aquí se mencionan como á (nítidos): C-C-D-D-E-F-F-G-G-A-A-B-C.

Discutiremos una escala más importante y luego iremos al ukelele. La escala mayor G también tiene una tecla afilada, que es la F. Incluyendo la repetición de G, las ocho notas de la escala mayor G son: G-A-B-C-D-E-F-G

Notas sobre el ukelele

Todos los planos y objetos punzantes son negros, lo que hace que sea fácil imaginar las notas en un teclado de piano. Si fueras a tocar en el teclado cambiando entre las notas en blanco y negro, serías fácilmente capaz de distinguir entre los sonidos que producen.

El diapasón de ukelele también contiene las notas; esos no son tan evidentes como los que se ven en el piano. Para entender las notas cn el diapasón de ukelele, vamos a comparar las cuatro cuerdas del ukelele con el teclado del piano.

Con el ukelele G-C-E-A ajustado de forma estándar, la nota más baja que puedes tocar es la C. C-E-G-A medias son las notas producidas cuando pasas del tono más bajo al más alto. Todavía teniendo en cuenta el orden de las cadenas, G-C-E-A se utiliza para llamar a la afinación del ukelele estándar.

En un piano, las teclas negras se alternan en conjuntos de 2s y 3s, justo a la izquierda de cada conjunto de teclas negras se encuentra la tecla C. El medio C es la tecla C, que está más cerca del centro del teclado. La C media es la nota más baja que se puede tocar en el ukelele. Dependiendo del tamaño del ukelele, la nota más alta puede cambiar en el piano, pero más comúnmente, es 16 teclas desde el C medio.

Se puede ver que en el ukelele, usted tiene un rango mucho más estrecho en comparación con un piano. Sin embargo, todavía se puede reproducir una gran cantidad de música popular en él.

Pasos enteros y medias medidas
Conocer la diferencia entre la mitad y los pasos enteros te ayudará a entender mejor tu ukelele. El intervalo entre las teclas adyacentes en un piano se conoce como medio paso. El intervalo entre D y D- también se conoce como medio paso. Como no hay ninguna tecla negra entre E y F, y B y C, el intervalo entre ellos es otro medio paso. Dos seminólo pasos se combinan para dar un paso completo o un paso entero. D-F es otro paso completo o paso entero, que consta de dos semi-pasos; D-E y E-F.

También hay medias escaleras y pasos enteros en el ukelele; el medio paso es la distancia entre 2 trastes adyacentes, y todo el paso se compone de dos semi-pasos.

Con la información que tenemos, ahora podemos mirar el diapasón de ukelele de cerca. La nota de una cadena en particular como G, C, E o A se reproduce arrancando la cuerda abierta. Se producirá una nota diferente cuando presione un traste (lo que significa el espacio entre las tiras). En movimiento hacia el agujero de sonido, obtendrá un medio paso más alto entre dos trastes adyacentes. Así que si presionas el primer traste de la cadena A, obtendrías un A- presionando el segundo traste de una cuerda daría una B, y el tercer traste daría una C y así sucesivamente. Usted vería que estas notas son las mismas que los medio pasos que se obtendrían en un piano.

Si fueras a etiquetar los primeros cinco trastes en el diapasón sería así:

Para la cadena G: G-A-A-B-C (1^{pt}-2nd-3rd-4th-5th fret respectivamente)

Para la cadena C: C-D-D-E-F (1^{pt}-2nd-3rd-4th-5th fret respectivamente)

Para la cadena E: F-F-G-G-A (1^{pt}-2nd-3rd-4th-5th fret respectivamente)

Para una cadena: A-B-C-C-D (1^{pt}-2nd-3rd-4th-5th fret respectivamente)

En comparación con lo anterior, se vería que presionando 1^{este} traste de una cuerda, obtenemos A, para 2nd traste de la cadena E obtenemos F, para 3rd traste de cadena C obtenemos D - y para $4o^{th}$ traste de la cadena G obtenemos B.

Recuerde y practique esto para los primeros cinco trastes mencionados anteriormente. Tenga en cuenta que la distancia entre los trastes adyacentes es de medio paso; dos semi-pasos hacen un paso entero. Experimenta con estos en el piano o el simulador de piano, y usted será capaz de distinguir entre los sonidos, a continuación, probar estas notas en el ukelele y ver si se puede diferenciar allí también.

Capítulo 7

Teclas Musicales y Progresiones de Acordes

Cada tipo de música viene bajo algún tipo de "clave". Las canciones más famosas suelen venir bajo una de estas teclas: A, C, D y F. Estas teclas contienen la escala de notas que tienen el mismo nombre que ellos. Por ejemplo, todos los acordes de la escala mayor F entrarán bajo la clave de F. La clave de C contendrá todos los acordes de la escala mayor do, etc. Más de una tecla se puede utilizar para escribir y reproducir muchas canciones diferentes. Clementine es una de esas canciones que puedes tocar en la clave de F o clave de C. Por lo tanto, la elección de las teclas depende del tipo de música que esté reproduciendo.

Dado que los acordes específicos vienen bajo teclas específicas, por lo tanto, el tipo de acordes que se reproducirán en una determinada canción depende de la clave. Si una canción se está cantando en una tecla de C y comienzas a reproducir la tecla de G, la interpretación no sonaría correcta. Hay una gran diferencia entre la clave de C, y la clave de G. F - se juega en la clave de G, mientras que la nota F natural se juega en la tecla de C. Por lo tanto, para que una determinada canción suene bien, la misma clave debe ser cantada y tocada por todos.

Hay muchas maneras diferentes, que pueden permitirle saber en qué clave está la canción. Aquí sólo discutiremos dos de ellos. En primer lugar es la bastante obvia, en la parte superior de una lista de la canción, la clave de la canción se escribe generalmente, por ejemplo, junto al nombre de la canción; la tecla de F que te dice que la canción está en la clave de F. El segundo es mirar los acordes inicial y final de las canciones. Así que si una canción comenzó con un acorde C y terminó con una C, entonces la canción estaría en la clave de C. Hay momentos en que los acordes inicial y final son diferentes. Cuando esta situación se presenta, la clave está determinada por el último acorde de la canción.

Transiciones de acordes y acordes de la escala mayor de do
Cuando se tocan tres o más notas juntas, se produce un acorde. Como se mencionó en el capítulo anterior, la escala do mayor contiene la C, D, E, F, G, A, B, C, y la música, que se reproduce en la clave de C constituye de los acordes de esta escala. Usando cualquiera de las notas de esta escala, puede crear un acorde de 3 notas. Puede reproducir hasta siete acordes de 3 notas con csta escala. De esos siete, tres son muy importantes que son los acordes do mayor (1o), F mayor (4o) y G Mayor (5o). En la mayoría de las fuentes, las encontrarás dirigidas como "I" para la primera (1), "IV" para la cuarta (4) y "V" para la quinta (5).

Antes de pasar al ukelele para aprender estos tres acordes, como se dijo en el capítulo anterior aquí están las notas que obtenemos en los primeros cinco trastes en el diapasón del ukelele:

Para la cadena G: G-A-A-B-C (1o-2o-3o-4o-5o traste respectivamente)

Para la cadena C: C-D-D-E-F (1o-2o-3o-4o-5o traste respectivamente)

Para la cadena E: F-F-G-G-A (1o-2o-3o-4o-5o traste respectivamente)

Para una cadena: A-B-C-C-D (1o-2o-3o-4o-5o traste respectivamente)

Cuando sostenías la cuerda G en el primer traste y la arrancas, obtendrías un G. Cuando mantenga presionada la cuerda C en el segundo traste y saque esa cuerda, le dará una D, y cuando sostenga la cuerda A en el primer traste y saque esa cuerda, obtendrá una A, etc. Te ayudaría mucho si puedes recordar los primeros cinco trastes mencionados anteriormente. Además, recuerda el número de tus dedos porque, en algunos contextos, en lugar del nombre del dedo, se utiliza el número. A través del dedo índice a meñique, los dedos se numeran como 1, 2, 3 y 4.

Transiciones de acordes

La mayoría de las veces, usted estaría moviéndose hacia adelante y hacia atrás entre I-IV-V (C Mayor , F mayor, G mayor, respectivamente) acordes al tocar música; este movimiento alternativo se conoce como transición de acordes o progresión de acordes. Debido a que los sonidos que hace esta transición son más deliciosos que otros, esta transición de acordes hace que la mayor parte de la música popular. Los compositores no decidieron de repente que era la mejor transición. Experimentaron con esta y muchas otras transiciones. Por lo tanto, al final, se considera el mejor porque suena mejor que otras transiciones y porque suena mejor, se reproduce con más frecuencia.

Podrás reproducir la mayoría de las canciones si conoces la transición I-IV-V para las teclas más utilizadas.

Clave de la transición de acordes C I-IV-V

Para tocar el acorde I o C, coloque el dedo anular en el tercer traste de la cuerda A y luego rasgue. Lo que va a tocar es el G-C-E-C, no el G-C-E-A, porque la cuerda A ahora está tocando la nota C en lugar de A. Las otras cuerdas están abiertas para que tocan las habituales G, C y E.

Antes de pasar a los acordes G y F, veamos la diferencia entre un acorde de piano y un acorde de ukelele. Para tocar las diferentes notas de un acorde en un piano real, puede utilizar sus tres dedos simultáneamente o tocar un acorde roto. Un acorde roto se produce cuando se toca cada nota una tras otra, por ejemplo, primero C, luego E, y por último G. Puedes decir que todos los acordes de ukelele son acordes rotos porque cuando rasgas, no puedes tocar cada cuerda al mismo tiempo. Sin embargo, tanto el ukelele como el piano producirían el mismo acorde C-E-G. Antes de tocar acordes específicos en el ukelele, debes tocarlos en el piano porque el piano hace que los acordes sean fáciles de entender.

Para la clave de la transición de acordeS F de C, coloque el dedo índice en el primer traste de la cuerda E y coloque el dedo medio en el segundo traste de la cuerda G. Cuando lo sofocas, tocarías un A-

C-F-A. La cuerda E le daría una F en el primer traste, y la cuerda G produciría una A en el segundo traste. La cadena C y la cadena A están abiertas, por lo que le darían una C y una A, respectivamente. Así que el acorde F se compone de A-C-F-A.

Para tocar el acorde G o el acorde "V", mantenga presionada la cuerda C en el segundo traste con el dedo índice, coloque el dedo medio en el segundo traste de la cuerda A y ajuste la yema del dedo anular en el tercer traste de la cuerda E. El rasgueo le dará D en el segundo traste de la cuerda C, G en el tercer traste de la cuerda E, y B en el segundo traste de la cuerda A. En total, usted estaría tocando el acorde F, que se compone de G-D-G-B.

La clave de las transiciones de acordes G I-IV-V
Ahora echemos un vistazo a otra clave, que está justo detrás de la clave de C en términos de popularidad, la clave de G. En el piano, la escala mayor G comprende el G-A-B-C-D-E-F-G. Cuando se compara con C mayor, el G mayor también tiene un agudo en él; es la F.

Ahora discutiremos las transiciones de acordes I-IV-V de la escala mayor G. Como se puede ver en la escala mayor G mencionada anteriormente que los acordes I (primero) y IV (cuarto) de una escala mayor G son similares a los acordes V (quinto) y I (primero) de la escala mayor do, son los acordes G y C respectivamente. Como estos acordes son los mismos, se tocan exactamente de la misma manera que se mencionó anteriormente. Ahora lo que nos queda es el acorde V (quinto); es el acorde D (recuerde que el atributo del acorde no se menciona, significa que el acorde es un acorde principal). Para tocar el acorde D, coloque el dedo índice en la cuerda G, el dedo medio en la cuerda C y el dedo anular en la cuerda E, el traste para todos ellos es el segundo. Así que ahora, cuando usted rasguea, usted estaría tocando el acorde D que comprende de A-D-F-A. La cadena G te daría una A. La cadena C le daría una D, y la cadena E le daría un F. La cadena A está abierta, por lo que le daría una A.

Uso de V7 en lugar de V en transiciones de acordes

La mayoría de las veces, cuando usted está pasando por un libro de ukelele o una pieza de música impresa, usted encontrará que "V7" se utiliza como una sustitución para el acorde "V" en las transiciones de acordes. El V7 abarca acordes como C7, F7 y G7, etc. estos acordes se conocen como los "séptimos acordes". Usted encontraría estos acordes a menudo en la música popular. Cuando estás tocando la transición de acordes I-IV-V, los acordes V7 se tocan principalmente en lugar de los acordes V; este es un ejemplo de la sustitución de acordes. Ambos acordes son muy similares entre sí, pero los acordes V7 tienen más preferencia.

Clave de los acordes C

Ya conoces los acordes de la escala do mayor. Son los C, Dm, Em, F, G y Am. Pero cuando usas la sustitución de acordes, tocas un G7 en lugar de G (que es el acorde V en la transición de acordes I-IV-V). Cuando se utiliza un séptimo cable, el básico 3-nota obtiene una cuarta nota adicional. Cuando utilices un acorde G7, estarías agregando una nota extra al G-B-D de 3 notas del acorde G. La cuarta nota sería la nota F. En el teclado del piano, un G7 se toca como un G-B-D-F, se puede ver una cuarta nota F se añade al acorde G estándar.

En un ukelele, el G7 se juega poniendo el dedo índice en el primer traste de la cuerda E, el dedo medio iría en el segundo traste de la cuerda C, y el dedo anular iría en el segundo traste de la cuerda A. La cuerda G abierta tocaría una nota G, la cuerda C tocaría la nota D en el segundo traste, la cuerda C tocaría la nota F en el primer traste, y la cuerda A tocaría la nota B en el segundo traste. La principal diferencia entre G7 y G es que el G7 tiene una nota F adicional. El acorde G solo toca notas G, B, D, mientras que el G7 toca la nota G, B, D y F.

Clave de los acordes F

La escala mayor de F se compone de F, Gm, Am, Bb, C y Dm. Pero cuando se utiliza la sustitución de acordes, se utiliza el acorde C7 en lugar del acorde C. En un piano, el C7 se toca usando las notas C, E, G y Bb eran como la C se tocaba simplemente usando notas C, E y G. El C7 añade la cuarta nota Bb (B plana) al acorde C estándar de 3 notas.

En un ukelele, el C7 se reproduce colocando el dedo índice en el primer traste de la cuerda A. Rasgueo esto resultará en la producción de notas G, C, E y Bb. Las cuerdas G, C y E están abiertas, por lo que producen las notas G, C y E habituales. La cadena A produciría una nota Bb en el primer traste. Puede ver que el acorde C sólo tocó notas G, C y E, mientras que el acorde C7 tiene una nota adicional la nota Bb (B plana).

Capítulo 8

El Diapasón UKE

La mayoría de los ukelele principiantes están familiarizados con los cuatro acordes más comunes discutidos en el capítulo anterior, los acordes C, D, F y G. La mayoría de los musicos todavía no están familiarizados con las notas del diapasón de ukelele. Para aprender más sobre el ukelele, uno debe saber acerca de las notas en los diferentes trastes del diapasón o debe saber cómo encontrar la nota en un cierto traste. Voy a mantener esto simple' si no aprendes el diapasón del ukelele, no puedes entender cómo tocar el ukelele de la manera correcta. Aquí están todas las notas en el diapasón de ukelele.

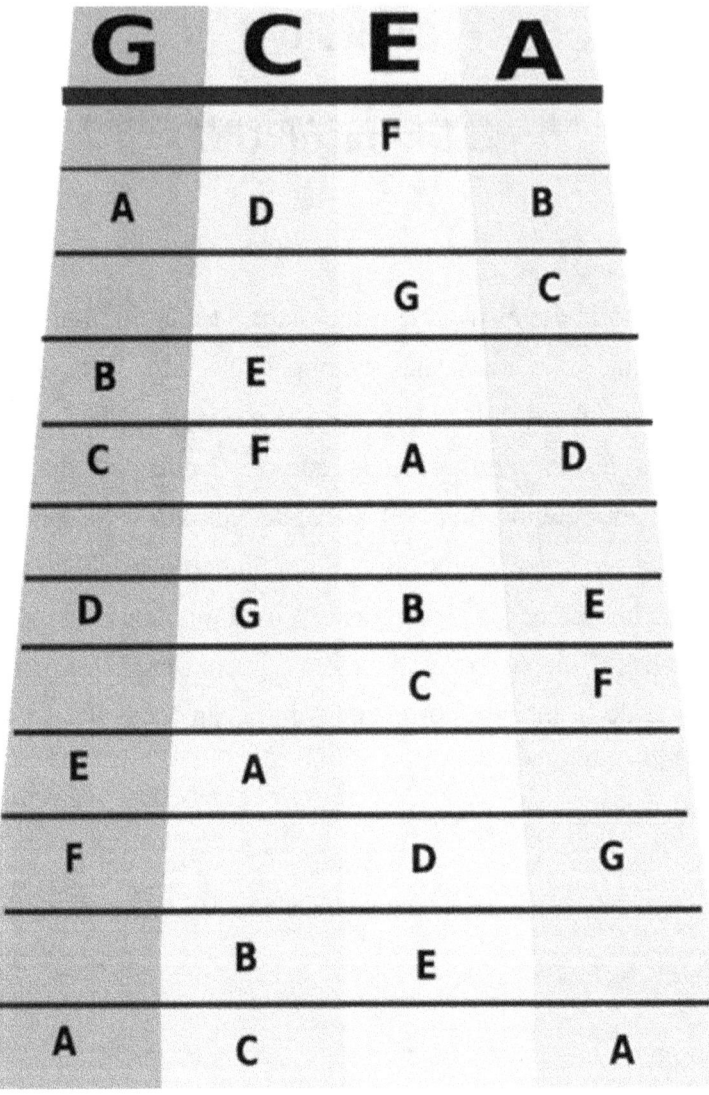

http://openclipart.org/detail/189182/ukulele-notes-by-bedpanner-189182

Diapasón de ukelele

Cadena G: G, A, A, B, C, C, D, D, E, F, F, G, G, A, A, B (1o a 16o traste respectivamente)

Cadena de C: C, D, D, E, F, F, G, G, A, B, C, C, D, D, E (1o a 16o traste respectivamente)

Cadena de E: F, F, G, G, A, A, B, C, C, D, D, D, E, F, F, G, G (1o a 16o traste respectivamente)

Una cadena: A, B, C, C, D, D, E, F, F, G, G, A, A, B, C, C (1er a 16o traste respectivamente)

Recuerda, justo encima de la parte superior del diapasón yace la tuerca. El traste que probablemente nunca usarías es el traste 16, el último. Usted podría estar pensando en cómo se reproducen las notas mencionadas anteriormente. Tocar con ellos es fácil, pero recordarlos necesita un poco de trabajo duro. Para reproducir una nota específica, coloque la yema del dedo en el traste de esa nota y desplume la cuerda, obtendrá la nota requerida. Digamos que desea producir una nota D. Coloque la yema del dedo en la segunda nota de la cuerda C y desplume esa cuerda, obtendrá una nota D. Para una nota F, puede poner el dedo en el primer traste de la cuerda E y arrancar esa cuerda, etc. Se puede ver que hemos utilizado 's, pero en algunos lugares, es posible que vea una b (plana); ambos representan las mismas notas, por ejemplo, A puede ser sustituido por un Bb o un Ab se puede utilizar en lugar de G, etc.

Mi consejo es que al menos aprendas las primeras cinco notas y luego encuentres maneras de descubrir las otras. Usted puede encontrar fácilmente los siguientes trastes del ukelele. Son iguales que las teclas de piano sucesivas, que también contienen las teclas negras. Se puede decir que las notas están subiendo un medio paso. Para una mejor comprensión, vamos a discutir la escala mayor del piano. La escala mayor de C, incluyendo las teclas (teclas negras) en un piano es la siguiente: C, C, D, D, D, E, F, F, G, G, A, A, B, C

Ahora echemos un vistazo a algunas declaraciones y verificarlas con la escala mayor C del piano y las notas en el ukelele.

- Es un medio paso de C a C, y el primer traste de la cadena C da un C.

- Se trata de un medio paso de C a D, y el segundo traste de la cadena C da una D.

- Es un medio paso de D a D, y el tercer traste de la cuerda C da un D.

- Se trata de un medio paso de D a E, y el cuarto de la cadena C da una E.

- Es un medio paso de E a F, y el quinto traste de la cuerda C da una F.

Cuando nos fijamos en todas las notas del ukelele, se podría pensar, ¿por qué no hay un E o un B? Esto se debe a que no hay teclas negras en el piano entre B y C y entre E y F. Ahora mismo, no necesitas saber la razón. Simplemente memoriza este hecho de que después de B viene C y después de E viene F. Así que si usted tiene una nota B en el diapasón del ukelele, encontrará C en la siguiente nota más alta en la misma cuerda; esto hace que C sea medio paso más alto que la nota B. Así que si, en el diapasón del ukelele, tienes una nota E, la siguiente nota más alta en la misma cuerda sería la nota F. Por lo tanto, sería un medio paso por delante de la nota E.

Puede aplicar el mismo método a las otras cadenas del ukelele. Ahora echemos un vistazo a las primeras cinco notas de la cuerda A y verificarlas con la escala mayor C del piano y las notas del ukelele mencionadas anteriormente.

- Es un medio paso de A a A, y el primer traste de la cuerda A da A o Bb.

- Es un medio paso de A a B, y el segundo traste de la cuerda A da B.

- Es un medio paso de B a C, y el tercer traste de la cuerda A da C.

- Es un medio paso de C a C, y el cuarto traste de la cadena A da C.

- Se trata de un medio paso de C a D, y el quinto traste de la cadena A da D.

Haga la misma técnica para las otras cuerdas primeros cinco trastes. De esta manera, usted sería capaz de memorizar estas notas. Y también, la mayoría de las canciones se reproducen en estas primeras notas de trastes.

Cuando hayas aprendido todas las notas en los primeros cinco trastes, prueba tu ukelele la escala mayor C, D, E, F, G, A, B, C. Cuando nos fijamos en las notas mencionadas anteriormente en el diapasón de ukelele, se ve que la escala mayor C se puede tocar de muchas maneras diferentes. La forma más fácil es reproducir las cuerdas abiertas junto con las cuerdas trasteadas. Definido a continuación es una forma sencilla por la que se puede tocar la escala mayor C en el diapasón de ukelele.

- Para la nota C arrancar la cadena C abierta
- Para D colocar un dedo en el segundo traste de la cuerda C y arrancar
- Para arrancar la cuerda E abierta
- Para F coloque un dedo en el primer traste de la cuerda E y saque
- Para G colocar un dedo en las cuerdas E tercer traste y arrancar
- Por nota Un arrancar la cadena abierta A
- Para B coloque un dedo en la segunda nota de una cuerda
- Para la repetición de la primera nota "C" (desde el medio C, es una octava más alto), coloque un dedo en el tercer traste de una cuerda y desplume.

Capítulo 9

Acordes Comunes y Sustituciones de Acordes

A continuación se mencionan algunos de los acordes de ukelele más tocados en las canciones enumeradas en el sitio web conocido como ukelele Hunt. Te aconsejo que aprendas tantos de estos acordes como puedas. Al principio, acordes como Bm y E pueden ser demasiado difíciles y complicados para que usted pueda tocar . Pero no se preocupen; sustituciones de acordes se utilizan para satisfacer este tipo de problemas.

Los acordes se mencionan en el orden descendente del número de veces que se ha tocado un cierto acorde. Los 20 acordes más tocados son C, G, F, D, Am, A, Dm, Bb, D7, G7, Em, E7, A7, Bm, C7, B, E, Eb, Fm y Gm.

En principio, se puede tocar un acorde específico de muchas maneras diferentes, por lo que técnicamente, es posible decir que hay cientos de acordes. Cuando busques el acorde de Do mayor, encontrarás 13 variaciones del que se encuentra. Es bastante divertido ir a través de ellos por lo que debe visitar Internet y pasar por todas estas variaciones. A pesar de esta superabundancia de los acordes de ukelele, si aprendes algunos otros acordes de ukelele junto con los 20 acordes, que se mencionan anteriormente, te volverías más que competente para tocar cualquier canción que encuentres.

En las teclas de C y G que hemos discutido hasta ahora, se le habló de las transiciones de acordes I-IV-V. Parece que los acordes en las transiciones se pueden cambiar con uno o más de los otros acordes de ukelele. Los acordes son intercambiables porque tienen algún tipo de similitudes. Por lo general, el acorde que ha sido sustituido es más fácil de tocar que el original, y el acorde sustituido suena igual que el principal.

Ahora vamos a discutir algunas de las teclas de ukelele comunes, sus transiciones de acordes estándar I-IV-V, y los acordes que se pueden utilizar en lugar de los estándar. Te encontrarías con casos en los que el acorde estándar es menos popular que el acorde sustituido. Tenga en cuenta que las claves discutidas aquí no son absolutamente todas las claves de ukelele.

La clave de ukelele de la transición de acordes I-IV-V de C consiste en los acordes C, F y G (I-IV-V). El primer (I) o el acorde C contiene las notas C, E y G. El acorde CM7 y el acorde C7 se pueden utilizar en lugar del acorde C (I). El acorde F es el cuarto acorde (IV), que se compone de notas F, A y C. Puede utilizar el acorde F7 como sustituto del acorde F. El acorde G (V) incluye las notas G, B y D. El acorde G7 se puede utilizar en lugar del acorde G.

La clave de las transiciones de acordes I-IV-V de D son los acordes D, G y A, respectivamente. La primera (I) o el acorde D abarca las notas D, F y A. Puede utilizar un acorde D7 como sustituto del acorde D. El cuarto acorde (IV) es el acorde G, que se compone de notas G, B y D. El acorde G7 se puede utilizar en lugar del acorde G. El quinto acorde es el acorde A, consta de notas A, C y E. Am o el acorde A7 se pueden utilizar en lugar del acorde A.

Las transiciones de acordes I-IV-V de la tecla de F son los acordes F, A y C, respectivamente. El acorde F (I) se compone de las notas F, A y C. El F7 se puede utilizar como sustituto del acorde F. El cuarto es el acorde A; se compone de la nota A, C, y la nota E. Tanto Am como A7 se pueden utilizar como reemplazo para el acorde A. El quinto acorde (V) es el acorde C; se compone de las notas C, E y G. Los acordes CM7 y C7 se pueden utilizar en lugar del acorde C.

Las transiciones de acordes I-IV-V de la clave de G son los acordes G, C y D, respectivamente. El acorde G o el primer acorde (I) se construye a partir de las notas G, B y D. El acorde G7 se puede utilizar como sustituto del acorde G. El cuarto acorde (IV), el acorde C, es la combinación de la nota C, E y G. Los acordes CM7 y C7 se pueden utilizar en lugar del acorde C. El quinto acorde es el acorde E; se compone de las notas D, F, y A. El acorde D7 se puede utilizar en lugar del E7.

Las transiciones de acordes I-IV-V de la clave de A son los acordes A, D y E, respectivamente. El primer acorde (I) A consiste en las notas A, C y E. Tanto Am como A7 se pueden utilizar como alternativa al acorde A. El cuarto acorde (IV), el acorde D se compone de notas D, F y A. D7 se puede utilizar como reemplazo para el acorde D. El quinto acorde (V), el acorde E, abarca las notas G, B y D. El E7 se puede utilizar como sustituto del acorde E.

Después de leer el contenido anterior, es posible que observe que los acordes F7 y CM7 no forman parte de los 20 acordes más populares. Aún así, esto no los hace difíciles de tocar . Para tocar un acorde F7, coloca el dedo índice en el primer traste de la cuerda E (2o), el dedo medio en el segundo traste de la cuerda G (4o) y el dedo anular en el tercer traste de la cuerda C (3. Por ahora, es posible que haya notado las similitudes entre el F7 y el acorde F. Para tocar el acorde CM7, pon el dedo medio en el segundo traste y viola de la cuerda A (1st) ! Acabas de hacer un CM7 o el acorde CMayor 7.

Capítulo 10

Hojas de Plomo, Partituras y Acordes

Usted vería que la música reproducida en los talleres del club de ukelele se muestran de cualquiera de las dos maneras. La primera es la forma de notación musical estándar, y la otra es la hoja de canciones una.

Notación Musical Estándar

Cosas como medidas (la sección entre dos líneas de barras se conoce como una medida o una barra), y las notas reales se muestran en la notación musical estándar. Además de las medidas, los acordes aparecerán. Este tipo de representación se denomina hoja de clientes potenciales. La notación musical estándar del ukelele tendría todo lo que un músico necesita para tocar una canción como la clave y el compás y la clave de agudos. Ahora discutiremos cómo se representa una canción en la notación musical estándar.

La clave de agudos es un símbolo que parece una G elegante. En las láminas musicales de piano, la clave de agudos mostraba las notas que serían tocadas por la mano derecha del pianista. La clave de graves indica la nota para la mano izquierda. En una partitura, vería cinco líneas que tendrían cuatro espacios entre ellas junto con la línea y los espacios se llaman un pentagrama musical.

Las líneas se nombran como E G B D F cuando se mueven de la línea inferior a la línea superior. Supongamos que una canción se reproduce en la clave de F. ¿Cómo sabríamos por una partitura que se toca en la clave de F? Como se mencionó en uno de los capítulos anteriores, busque los acordes inicial y final. Como la canción está en la clave de F, lo más probable es que comience con un acorde F y definitivamente terminaría con un acorde F. La otra forma de saber que la canción está en la clave de F es que encontrarías una b en la tercera línea de la clave de agudos. Debido a que la b está en la tercera línea, significaría que todas las notas B se aplanarían (b). Junto a la b, encontraría algunos números; estos números representan el compás. Digamos que el número 3 está escrito por encima de 4; significaría que habría tres latidos cada medida, y un ritmo sería de un cuarto de nota.

Para tocar el ukelele usando la notación musical estándar, sólo tienes que tener en cuenta los cambios de acordes. No hay necesidad de leer las notas musicales; puedes ignorarlos a todos. Usted encontraría los acordes escritos encima de las notas.

La única ventaja que la notación musical estándar tiene sobre el otro lado, las hojas de canciones, es que la estándar mantiene a todos los musicos de acuerdo, lo que significa que todo el mundo puede reproducir una canción de una manera similar. Las hojas de canciones permiten realizar cambios de acuerdo con las necesidades del grupo. Cuando se utilizan las hojas de canciones, de vez en cuando la música se cambia un montón de veces, por lo que algunos de los reproductores pueden reproducir la música en otras teclas.

Probablemente no encontrarás que esto sucede cuando usas la notación musical estándar. Los libros de Beloff Daily Ukelele son muy populares; en estos libros, encontrarás la notación musical estándar o las hojas principales para más de 700 canciones de ukelele. Estos libros estándar se utilizan en algunos de los grupos de ukelele, lo que en realidad resulta en mantener a todos en la misma página.

Partitura

Ahora ya sabes cómo es una hoja de plomo. Vamos a revisarlo de nuevo; en una hoja de plomo, encontrará las letras de los acordes que se muestran encima de la línea de melodía. Las hojas de canciones no tienen ninguna línea de melodía que consista en las notas; sólo tienen las letras para los acordes y la letra de la canción. Como estas no están estandarizadas, estas hojas de canciones son, la mayoría de las veces, modificadas para satisfacer las necesidades de los grupos en particular. Hablando de mi experiencia, casi todos los grupos a los que he asistido (por ahora, diez separados y aún en aumento) prefieren las hojas de canciones sobre la notación musical estándar. Las hojas de canciones son menos desalentadoras en comparación con las hojas de plomo, lo que seguramente asustaría a los nuevos musicos con todas sus notas y esas cosas. La mayoría de los musicos experimentados prefieren las hojas de canciones porque se pueden modificar fácilmente para satisfacer sus demandas.

Ahora vamos a discutir algunas de las canciones en diferentes teclas. Primero, discutiremos una parte de la canción "Clementine" escrita en la clave de F. La parte que estamos discutiendo termina con la letra "Terriblemente lo siento Clementine." Cuando una canción está escrita en la clave de F, su transición de acordes I-IV-V sería F, A y C. Cuando esta porción de Clementine se muestra en la clave de F, sólo usaría los acordes F y C7. C7 se utiliza como sustituto de acorde para el acorde C. Ahora digamos que la misma porción se muestra en una hoja de canciones en la clave de C. La clave de las transiciones de acordes I-IV-V de C son C, F y G, respectivamente. La porción sólo utilizaría los acordes C, y G7 de la transición de acordes I-IV-V de la clave de C. G7 se utilizan como sustituto del acorde G. A partir de esto, es posible que tenga la idea de que las canciones simples sólo utilizan dos de los tres acordes de las transiciones de acordes I-IV-V.

Canciones como "Five Foot Two" y "This Land" usan todos los acordes de las transiciones de acordes I-IV-V. Si "Five Foot Two" está escrito en la clave de C, sus transiciones de acordes I-IV-V (1a, 4a y 5a respectivamente) serían C, F y G. Estos acordes (con sustitución de acordes) junto con otros acordes, como E7, A7 y D7 producirían la canción Five Foot Two. Si la canción "This Land" se muestra en una hoja de canciones en la clave de G, usaría todas las transiciones de acordes I-IV-V de la clave de G. Específicamente, estos acordes serían G, C y D7. D7 se utiliza como sustituto de acorde para el acorde D.

Capítulo 11

Vexation de Acordes y Acordes Móviles

A estas alturas, ya sabes mucho sobre los conceptos básicos de cómo tocar al ukelele. El instrumento es capaz de generar una música muy interesante y atractiva, por lo que saber tocarla es para tu ventaja en un día determinado.

Si bien hemos mirado los aspectos simples de tocar notas y tonos, es hora de avanzar hacia el concepto más complejo de cambiar acordes. Muchos musicos de ukelele tienen problemas para cambiar acordes mientras mantienen el ritmo de su música intacta. El proceso de cambio de acordes es particularmente complejo porque puede dañar el ritmo que has construido dentro de tu música. Hay dos razones muy básicas por las que puede resultar difícil cambiar los acordes. En primer lugar, por ahora, sólo sabes acerca de tocar acordes individuales, y no sé lo que se requiere para cambiar los acordes. En segundo lugar, puede perder fácilmente su ritmo en el proceso de cambiar los acordes. Ambas situaciones pueden ser complejas y difíciles de contrar). Como musico de ukelele, debes asegurarte de que la situación está bajo control, y no estás cometiendo ningún error de juicio.

La práctica insuficiente es también una de las razones por las que cambiar de acorde puede servil para todos los musicos de uke. Las limitaciones físicas y los acordes poco comunes también se presentan como limitaciones, porque los dedos tardan tiempo en adaptarse al reflejo repentino necesario para cambiar de acordes. Una vez que te hayas adaptado al proceso, tus dedos actúan sobre la memoria reflexiva y muscular, por lo que es más fácil hacer un seguimiento de estos acordes.

Limitaciones físicas

1 y 2 acordes de traste son más fáciles de tocar para todos. Estos acordes requieren una acción mínima y no desafían el movimiento de los dedos de ninguna manera posible. Tres acordes de traste resultan ser los más problemáticos, ya que requieren que presiones cuerdas en tres lugares diferentes. Estos son más difíciles que uno o dos acordes y pueden poner en un montón de complicaciones físicas. La situación se puede resolver si los acordes se encuentran cerca uno del otro en el uke. Si los acordes están cerca, no tienes que poner mucho esfuerzo, y puedes resolver fácilmente el problema. Los dedos deben estar juntos para tocar los acordes de la mejor manera posible.

Hay 20 acordes más populares tocados por los musicos de uke, de los cuales nueve resultan ser 3-fret, lo que sólo aumenta su importancia. Continuando, de los cinco acordes más populares tocados por los musicos de Uke, dos pasan a ser 3-fret. El G y el D son los dos que resultan ser 3-fret de los cinco acordes más populares.

El nivel de complejidad generalmente sale de las listas con acordes de cuatro trastes, que son mucho más difíciles de sacar para los musicos de uke. Estos acordes requieren un manejo experto, para lo cual tienes que estar preparado en todo momento. Estos acordes son generalmente más difíciles de tocar porque tienes que tocar las cuerdas de cuatro lugares diferentes. Estos son extremadamente difíciles de manejar, especialmente si usted tiene que utilizar sólo un dedo en uno o dos trastes. Estos acordes de barre son una molestia para manejar para todos los musicos de uke, ya que tienen que mover sus dedos de acorde a acorde, contemplando las repercusiones que vienen con todos ellos. Los acordes De Barre son extremadamente difíciles de manejar para las personas, ya que te dan el desafío de mover un dedo a través de múltiples acordes a la vez.

Los acordes de cuatro trastes se consideran especiales en el mundo de los musicos de uke porque resultan ser conocidos como acordes cerrados. Por acordes cerrados, nos referimos a una cadena de acordes, donde no hay ninguna cuerda abierta presente. Estos acordes también se llaman acordes móviles y son mucho más fáciles de manejar para los profesionales. Los expertos sugieren que se llaman acordes móviles, ya que tienes la opción de moverlos hacia arriba y hacia abajo en el diapasón, basado en lo que te sientas más cómodo. Usted puede obtener un acorde diferente siempre que desee si usted está particularmente insatisfecho con el acorde en contexto. Una vez que domine la digitación de estos acordes cerrados de 4 trastes, puede obtener fácilmente los resultados deseados. Dominar las digitaciones de un solo acorde de barra puede ayudarte a dominar las digitaciones para todas ellas.

La mayoría de los principiantes se encuentran queriendo cuando se trata de tocar este acorde. Ellos encuentran tocando este acorde el más difícil de todo el lote, ya que realmente no saben cómo incluirlo y reproducirlo dentro de una canción. Este acorde es importante porque se considera móvil y se puede utilizar fácilmente dentro de otros acordes para crear magia propia. Sin embargo, los principiantes deben tener en cuenta que este acorde es móvil y se puede utilizar fácilmente para tocar otros acordes también. Tan pronto como consigas la cantidad de la forma de estos acordes, puedes moverlos hacia arriba para tocarlos de manera diferente.

Habrá momentos en los que experimentarás acordes físicamente desafiantes. Estos acordes mejoran la calidad de la música que se está generando, pero hay que darte cuenta de que necesitas innovar con alternativas cada vez que aparecen. Sí, todos estamos buscando obtener los mejores resultados posibles del uke, pero también tienes que conocer tus limitaciones y lo que puedes lograr. Hay algunos acordes físicamente desafiantes que nunca se pueden tocar, incluso mientras se desea. La mejor manera de manejar estos acordes es saltarse sobre ellos y encontrar una alternativa razonable. La alternativa debería darte un sonido similar, sin ser tan difícil físicamente como el que estás a punto de cambiar.

Acordes poco frecuentes

Hay más de mil combinaciones posibles de acordes que se pueden tocar en el ukelele. Tienes que darte cuenta de cuáles son poco comunes y cuáles son comunes para que juegues. Los musicos muy experimentados del ukelele sabrían que muchos de estos acordes resultan ser infrecuentes, y saben cómo deben abordarlos. Estos musicos profesionales también conocen la colocación de acordes y las cartas para más de cien de estos acordes. Además de conocer estos acordes, los musicos experimentados pueden tocar estos acordes siempre que sea necesario.

El problema surge cuando los principiantes están empezando a aprender estos acordes. De las mil combinaciones de acordes posibles, los principiantes deben tener suerte o estar felices de aprender incluso una docena de ellos. Muchos musicos profesionales llevan gráficos de acordes de una sola página con todos los detalles relativos. Estos pueden parecer extremadamente intimidantes para el musico de nivel principiante, ya que se están acostumbrando a ver toda esta información, y lo que viene con ella.

Digamos que eres un principiante y conoces el G y el G7. Ambos acordes están presentes en la lista de los 20 acordes más populares de Ukelele Hunt. Estos acordes son famosos entre profesionales y principiantes por igual. Un gráfico de acordes para la letra G contendrá conjuntos intimidantes de información sobre cómo el acorde puede ser alargado en un ritmo hermoso. Realmente no tiene que saber o memorizar esta información. De hecho, estamos seguros de que muchos musicos profesionales ni siquiera conocen la mitad de la información que viene dentro de estas cartas de acordes individuales. No muchos musicos de uke saben acerca de las cartas, por lo que los llevan alrededor. Como principiante, no hay necesidad de que usted se sienta intimidado o abrumado por estas cartas.

Cada sesión de reproducción de ukelele en la que participes tendrá una mención de acordes que nunca has escuchado antes. Mientras toca o escucha estos acordes, debe asegurarse de que sabe en qué se traducen. Incluso si crees que conoces los acordes que vienen como parte de cada sección, tienes que asegurarte de que estás listo para tocar los acordes poco comunes.

Incluso si conoces todos los acordes comunes dentro de un conjunto de ukelele, puedes considerarte un musico decente del equipo. Independientemente de lo mucho que sepas sobre los acordes comunes, habrá acordes poco comunes como B7, G6 y Edim, lo que te asustaría la vida. Es posible que sepas lo que significan estos acordes, pero no los conocerás lo suficiente como para pasar al éxito con ellos rápidamente. Los acordes poco frecuentes aparecen todo el tiempo, y puede ser fácil para usted ser abrumado por ellos. Sin embargo, cada vez que aparezcan acordes poco comunes, necesitas estar listo para tocar algo que pueda actuar como una alternativa. Cada vez que aparece un acorde poco común, debes tocar una alternativa o debes buscar tocar algo similar al acorde inicial. Por ejemplo, si tienes que tocar un Gmaj7, que es un acorde poco común, puedes sustituirlo tocando la G, que es un acorde común. Esta simple sustitución le ahorraría la molestia de interrumpir su ritmo o cambiar el significado de la música.

Está bien que incluso los profesionales no conozcan todos los acordes. Nadie conoce todos los acordes que van a hacer música. Pero lo que necesitas saber es todo lo que se hace en hacer que tu música sea mejor. Deberías ser capaz de tomar decisiones al calor de las cosas. Como musico profesional, necesitas saber la importancia de no dejar que los acordes poco comunes entren entre lo que buscas lograr. Los acordes poco frecuentes no deberían disuadros de tus metas y objetivos, y en su lugar deberían ayudarte a lograrlos. Encuentra tu camino a través de acordes poco comunes, usando tu información de ellos y tocando algo similar.

Capítulo 12

Trucos de Acordes

A medida que ganes experiencia como musico de ukelele, te vas a encontrar con múltiples trucos y técnicas en tu camino. Hay un número significativo de trucos que los musicos de ukelele pueden aprender de. Cuando empieces a aprender el ukelele por primera vez, no tendrás suficiente experiencia en tocar el equipo. Dicen que la práctica hace que un hombre sea perfecto, y eso es exactamente lo que se aplica cuando estás aprendiendo a tocar el ukelele. La práctica es lo que te hará perfecto, y la práctica es justo lo que tienes que hacer.

Cuando hablamos de trucos, hay numerosos trucos y técnicas que los musicos de ukelele pueden probar en un momento dado. Estos trucos están destinados a hacer que tocar el uke sea más fácil para usted y ayudarle a convertirse en el mejor en lo que es actualmente. Estos trucos implican diferentes acordes, por lo que tienes que ser un experto en tocarlos si realmente quieres tener éxito.

Cuanto más experimentado seas como musico de ukelele, mejor posicionado estarás para tocar estos trucos de la mejor manera posible. Cuando hablamos de trucos, nos referimos a atajos, sustituciones de acordes, diferentes digitaciones y técnicas mucho más diferentes. Todas estas técnicas hacen que sea más fácil para usted tocar el ukelele y ayudarle a obtener lo mejor del equipo.

Como principiante, cuando usted está empezando a tocar el ukelele por primera vez, usted debe educarse sobre estos trucos allí y luego. Todos los atajos y sustituciones de acordes están destinados a hacer que tocar el equipo sea mucho más fácil para usted. Puedes saltar fácilmente de acorde a acorde, sin preocuparte por perder tu ritmo o cualquier otra cosa. Lo bueno de esto es que se puede tocar fácilmente el acorde a la perfección a través de métodos de sustitución. Estas técnicas ayudan a que sea más fácil para usted para tocar el ukelele, sin perder la calidad del ritmo que se está reproduciendo.

En este capítulo, mencionamos algunos de los mejores trucos de acordes de uke para que usted tire. Antes de mencionarlos, usted debe saber los nombres de los dedos pertinentes y relevantes para sus diferentes dedos. Los números asignados a los dedos se verían válidos para los dedos de tu mano inquieta. Es mejor que usted tome todo el proceso en serio, y reconocer los dedos que necesitan para conseguir el trabajo. El dedo número 1 se utiliza para referirse al dedo índice, mientras que el dedo número 2 se utiliza para referirse al dedo medio. El dedo número 3 se utiliza para referirse a su dedo anular, y el dedo 4 se utiliza para referirse a su meñique. No usas el pulgar para tocar el ukelele, por lo que no tienes que preocuparte de que el pulgar se le asigna un número o no.

Acordes tonalidades similares

Mientras toca el ukelele, se encontrará con muchos acordes que son diferentes entre sí, pero son tonalidades similares en la música que producen. Estos acordes se pueden sustituir entre sí, porque tienen un impacto similar, sin necesidad de flexionar mucho las manos o los dedos.

C Mayor 7 para C Mayor

El acorde de Do mayor 7 o C7 a veces se puede sustituir por el acorde mayor de Do porque resultan ser tonalidades similares. Todos estos acordes se pueden utilizar juntos, ya que obtendrá resultados similares de ellos. El acorde mayor de Do es similar al acorde C7, ya que da el mismo tono que el acorde C7. Esto significa que puede utilizar indistintamente estos dos acordes de la mejor manera posible. Los resultados que obtenga serán a su mejor favor y le ayudarán a obtener los mejores resultados posibles.

Si consideramos las ventajas de hacerlo, no hay grandes ventajas de cambiar las mayores. No hay ninguna ventaja con la sustitución del C7 con el C mayor, pero le permite mezclar las cosas un poco. Tocar la C se considera necesario para el éxito como un musico de ukelele, por lo que es más simple para usted para administrar y tocar estos acordes. Es necesario darse cuenta de la importancia de sustituir acordes en la situación requerida. Los acordes no deben ser sustituidos fuera de lugar, y sólo debe sustituirlos cuando sea necesario. Sustituir los acordes sin previo aviso puede ser un poco innecesario.

D7 para D

Al igual que puede sustituir los acordes C, también puede sustituir los acordes dentro de D. La sustitución puede ayudar a que tocar el uke sea más fácil para usted, y le permite obtener una alternativa tonalidades similar a lo que ya está jugando. El acorde D7 se puede sustituir por D en muchas canciones que tocas. El acorde D7 resulta ser extremadamente similar al acorde D en muchas canciones, y la sustitución le permite tocar ambos acordes indistintamente. La mejor parte de hacerlo es que puede obtener los resultados deseados posibles de su colocación de acordes.

Sin embargo, hay una pequeña diferencia a la hora de sustituir ambos acordes. La diferencia es que D7 añade otra nota al acorde D, que se conoce como C. La cuarta nota añadida al acorde, añade muchas dificultades. Todos los principiantes ahora tendrán razón al preguntar, ¿cómo puede un D7 ser más fácil de tocar que una D? Bueno, si nos fijamos en los estilos de juego, un D7 no es más fácil de tocar que una D. Sin embargo, un sustituto del D7 es más fácil de tocar que el D. Dado que ambos se pueden utilizar indistintamente, puede reproducir un D7 cada vez que vea una D en las notas. Esto le da la opción de simplificar las notas para usted y asegurarse de que usted es físicamente capaz de reproducir las notas, sin tener que saltar hacia una cuarta nota C.

E7 para E

Siguiendo los trucos de acordes en C y D, también puede sustituir acordes en las notas tocadas para E. Usted puede sustituir fácilmente el E7 por E porque ambos hacen tonos similares. Todos sabemos lo difícil que puede ser tocar el acorde E. Independientemente de si usted es un profesional o un principiante, usted sabrá lo difícil que puede ser para usted para tocar el acorde E. Tocar el acorde E puede ser un poco difícil para todos los profesionales, ya queth tienes la prensa las cuerdas C, G y E presentes en el traste 4. Además, también tienes que presionar la cuerda A en eltraste$^{2.}$ Reproducir todas estas notas puede eventualmente ser físicamente difícil, ya que no hay manera de que usted será capaz de gestionar la carga que viene con ellos. Por lo tanto, si usted está en algún lugar alrededor de la llave de A, usted puede sustituir fácilmente un E7 por un E. Los tonos suenan extremadamente similares, por lo que no tienes que preocuparte por el sonido que sale mal o algo así.

También puede probar esta sustitución con otras claves. Puede salirse con la suya si todo va según lo planeado. Sin embargo, usted tendrá que comprobar si el sonido está saliendo bien o no. No puedes simplemente tocar los acordes sin haber comprobado los tonos que salen primero. Siempre que planee usar un sustituto en una actuación, es mejor primero practicarlo para ver si tienen un tono similar o no. Si los tonos son casi similares, entonces usted puede proceder con conseguir el cambio hecho.

Mismo nombre, diferentes notas
Esta es una situación muy rara y no es algo que normalmente encontrarás o verás. Para ser honesto, D7 es la única vez que vas a encontrar la situación del mismo nombre de acorde pero diferentes

notas. Cualquiera que haya tocado el acorde D7 sabrá que implica presionar las notas D, F, A, C. Las notas son fáciles de recordar, pero hay dos patrones de dedos diferentes que puedes seguir para tocar este acorde. Ambos patrones de dedos producen el mismo nombre y conducen a resultados similares. Puede encontrar uno u otro de estos patrones listados en las tablas de acordes y libros. Uno de los patrones utilizados para tocar el D7 es el patrón hawaiano y es más fácil de manejar. Este patrón se llama el D7 hawaiano y está presente en todos los libros y notas de acordes por igual. Usted está rasgando diferentes notas a lo largo de las líneas de D, F, A, C cuando usted está jugando el patrón.

Curiosamente, el Hawaiian D7 deja fuera la nota mayor D y sólo toca las 3 notas D7 dentro del acorde. Todos los principiantes se ven obligados a preguntar si esta es una manera permisible de tocar la nota D7. Para responder a esta pregunta, bueno, sí, lo es. En este caso en particular, cuando se está reproduciendo el D7 sin notas D, el sonido que genera el ukelele es casi similar a lo que se genera cuando todas estas notas se reproducen juntas. Por lo tanto, la sustitución en este caso no sólo es permisible, sino que también se recomienda a todos los principiantes y expertos por igual. Los principiantes tienen dificultad para tocar acordes específicos, por lo que están motivados para usar estos trucos y acordes.

Un acorde dominante de 7 es fácil de identificar para principiantes. Cada vez que vea una carta de nota seguida del número 7, se puede decir que es un acorde dominante 7. Todas las notas C7, D7 y F7 son dominantes 7 acordes.

Mismo acorde exacto, digitación alternativa

Entrando con los trucos que puedes aplicar mientras tocas el ukelele, ahora hablamos de tocar el mismo acorde exacto, pero con digitación alternativa. Casi todos los acordes que ves que se tocan pueden ser dedos con diferentes patrones. Esto es algo que casi todos los principiantes identifican cuando comienzan a tocar los sietes significativos en el diapasón. La dinámica del diapasón permite a los musicos tocar los números de diferentes maneras.

Para darle un poco de perspectiva, los musicos profesionales del Ukelele pueden tocar el acorde D7 de ocho maneras diferentes. Todas estas ocho maneras diferentes requieren diferentes colocaciones de dedos y atención avanzada al detalle. Tienes que asegurarte de seguir estas colocaciones de dedos a la T y lograr las técnicas alternativas perfectas.

La mayoría de los principiantes pueden tener dificultades para tocar el D7 más arriba en el diapasón. Incluso los musicos con cierta experiencia pueden tener problemas para tocar el D7 cuando se encuentra más arriba en el diapasón. Nos damos cuenta de cómo los principiantes están buscando maneras de simplificar toda la experiencia. Desea patrones de digitación alternativos, que son más fáciles de lograr y tocar . Mencionamos dos ejemplos que ilustran métodos alternativos de digitación, que pueden ayudarle a obtener los resultados deseados del proceso.

Reproducción de E Menor de G Chord

El primer ejemplo del que hablaremos es el de tocar Mi menor desde el acorde G con un solo dedo. La mayoría de los principiantes tienen problemas después de los acordes que progresan de las notas de G a Mi menor. Esto requiere levantar los dedos, lo que tratamos de demostrar aquí no es necesario. No tienes que levantar los dedos para tocar el menor E cuando estás progresando desde el acorde G. El tiempo de inactividad puede ser preocupante y puede provocar una ralentización gradual de los resultados.

Si estás tocando el acorde G, puedes omitir fácilmente los métodos tradicionales de digitación para tocar el me menor A través de tu meñique. Obviamente, necesitas tener plena confianza en tu meñique, ya que esta técnica requiere atención al detalle y un comando completo sobre lo que estás jugando. Saltar del acorde G a mi menor es difícil, por lo que su meñique necesita ser colocado en la cuerda C, cuarto traste. Esta digitación es conocida por hacer magia en todo tipo de actuaciones. Presionar el traste hacia arriba del teclado ayuda a anular cualquiera de los trastes que bajan por el teclado. Por lo tanto, cuando presionas el cuarto traste ubicado en la cuerda C, cancelas el impacto de tu dedo en el ^{2o} traste de C. Esta cancelación del $2o^{nd}$ traste de la cuerda C ayuda a crear el sonido del acorde menor E. Por lo tanto, con sólo usar su meñique para un buen efecto, ha creado una versión increíble del acorde mi menor.

Moverse rápidamente de G a G7

El segundo ejemplo que vamos a discutir es el de pasar rápidamente de G a G7. Tanto G como el acorde G7 se encuentran junto a uno al otro en casi todas las canciones. La hoja de canciones de *Let Me Call You Sweetheart* viene a la mente, ya que ambos acordes están posicionados cerca en esta hoja de acordes también.

Si sigues los métodos tradicionales de digitación, tendrás que levantar no uno, no dos, sino tres dedos diferentes para ir de G a G7. Lo mismo se aplicará cuando se cambia de un G7 a un G. Sin embargo, puede colocar los dedos de tal manera que mate la necesidad de ir y venir. Hay un método de digitación alternativo que le permite ir y venir fácilmente estas notas sin requerir un esfuerzo significativo.

Puede crear notas G colocando la mano y los dedos de la siguiente manera:

- Coloque el dedo medio en el $2^{o\ traste}$ de la cuerda C
- Coloque el dedo índice en el traste 1° de la cuerda E
- Coloque su meñique en el traste 3de la cuerda E
- Coloque el dedo anular en el $2^{o\ traste}$ de la cuerda A

Una vez que haya logrado esta posición, puede tocar fácilmente G y G7 sin ningún problema adicional. Cuando levantas tu meñique, tienes un acorde G7 que se está tondo. Cuando vuelves a bajar el meñique, tienes un acorde G que se está tondo. Esto le permite una cierta cantidad de libertad mientras juega el ukelele y le da exactamente lo que está buscando. Tienes que asegurarte de que el proceso no te afecte mucho para que puedas reproducir música sin descanso.

Misma digitación exacta con diferentes nombres

Hay ciertas modificaciones que le permiten dar diferentes nombres al mismo tipo exacto de estilo de digitación. Los ukuleles que vienen con mecanismos de afinación estándar, incluyendo G, C, E y A, tocarán los acordes C6 y Am7.

Esto se debe a que todos los G, C, E y A son notas situadas dentro de la escala mayor de C. La escala mayor C, si no recuerdas correctamente, incluye todas las teclas blancas en el piano a partir de C. Esto incluye C, D, E, F, G, A, B, C. El menor relativo para la escala mayor de Do se llamó la escala menor A, que incluía teclas blancas en el piano a partir de A. Las claves aquí incluyen A, B, C, D, E, F, G, A. No hay objetos punzantes ni planos en ninguno de estos acordes, ya que tienen la misma firma clave. Los acordes para A minor 7 y C6 por lo tanto, tienen las mismas notas, pero dentro de una secuencia diferente en el piano. Por lo tanto, si miramos estas dos notas en términos musicales, entonces C6 sería una inversión de A minor 7, y A minor 7 sería una inversión de C6. Rasgueo the Ukelele es una práctica importante y requiere una práctica significativa, por lo que cuando se está rasgando, todas las cuerdas ubicadas dentro se consideran abiertas, y se rasgue G-C-E-A. Estas cuatro notas forman el patrón para A menor 7 y C6.

Capítulo 13

Rasgueo

Hasta ahora, sólo hemos mencionado brevemente el rasgueo dentro de este libro. Rasgueo es una técnica importante para sacar el máximo provecho de tu rutina de ukelele. Rasgueo como un experto requiere mucho conocimiento e información inherente sobre lo que es realmente el rasgueo. Este capítulo tiene como objetivo construir sobre esa información y se esfuerza por hacerte un experto en rasguear en un ukelele.

Tampoco hemos discutido ninguna de las técnicas que puede seguir para rasguear como experto. Cuando empiezas como un principiante, te darás cuenta de que el rasgueo puede ayudarte a lograr muchas posibilidades diversas en el ukelele. Esto se debe a que el rasgueo viene con una variedad y resultados increíbles. Los principiantes que aprenden a tocar el uke pueden practicar rasgueo para hacer un rasgueo básico downbeat en 4/4 o 3/4 tiempo. Para dominar el rasgueo, es necesario mostrar y practicar una gran cantidad de habilidad y ritmo. El ritmo es extremadamente necesario para rasguear porque es el ritmo que construyes lo que eventualmente te ayudará a conseguir los laureles que buscas de rasgueo. La práctica es necesaria porque construir ritmo no es un trabajo fácil. Los musicos expertos pueden variar el rasgueo de una canción a una canción sin alterar el ritmo. Ser capaz de variar el nivel de rasgueo, sin alterar el ritmo es el pináculo más alto de rasgueo.

¿Qué dedos usas para rasguear? Algunos expertos se sienten más cómodos con el uso de su dedo índice porque permite más variedad en excelentes ritmos. A los principiantes, por el contrario, les gusta usar su pulgar. El pulgar logra el objetivo en cuestión, pero no es el único dígito que debe usar para rasguear. Puede esperar y generar mejores resultados cuando está rasgando con los dedos índice. Al rasguear con el dedo índice, es necesario rasgar hacia abajo usando la uña de su dedo. Tocar al uke requiere práctica, experiencia y uñas largas, así que tienes que asegurarte de tener los tres. Cuando usted está rasgando con el dedo índice, usted tiene que asegurarse de que usted va hacia abajo usando la uña en el dedo índice. Una vez que haya bajado, puede subir usando la parte carnosa de la yema del dedo. Este movimiento puede ayudar a darle el tipo de resultados que desea y proporcionará resultados óptimos en poco tiempo. Hay numerosos videos y guías disponibles en línea que le ayudan a aprender cómo rasgar como un principiante. Rasgueo es particularmente complicado para los principiantes, por lo que tienes que encontrar una manera de aprenderlo para obtener el tipo de resultados que esperas de la rutina.

Después de haber respondido a la pregunta de qué dedo debe utilizar para rasguear, ahora pasamos a la cuestión de dónde exactamente debe rasguear. Para responder a esta pregunta de una manera simplificada, usted debe rasguear en cualquier parte de la placa que usted sabe dará la mejor calidad de sonido. La calidad del sonido es el objetivo principal de todos los musicos cuando se trata de rasgueo, por lo que son realmente particulares acerca de qué parte del diapasón rasguear para lograr la mejor calidad de sonido. Si tienes un ukelele de concierto o una soprano, la mejor parte del diapasón es donde el cuello de tu ukelele golpea el cuerpo. El conducto entre ambas estructuras sólidas es donde se puede encontrar la mejor calidad de sonido. Una vez que encuentre el punto dulce, puede esperar los mejores resultados en poco tiempo. Sólo tienes que pulsar el botón de reproducción y obtener los sonidos más sorprendentes de su tablero de ukelele.

Ahora, ya que estamos discutiendo cada faceta de rasgueo aquí, también echaremos un vistazo a lo que necesita hacer para rasguear en los ukes tenor. Tenor ukes tienen un mecanismo diferente para rasguear, y usted debe saber cómo golpear el ojo del toro con estos ukes. Creemos que los ukes tenor tienen su mejor lugar más hacia la tuerca. El área alrededor del traste[12] es más melodiosa cuando se trata de ukes tenor, por lo que debe tocar el patrón en consecuencia en su instrumento específico.

Después de haber discutido el dedo para usar para rasguear y la mejor parte del diapasón para practicar rasgueo, ahora vamos a pasar a discutir el siguiente tema más importante relacionado con el rasgueo; patrones de rasgueo. Los patrones de rasgueo son necesarios para acing la rutina de rasgueo, ya que le dan una sensación de dirección y resultados. Sin embargo, antes de saltar a los patrones de rasgueo, es igual de importante discutir la mecánica involucrada dentro de un rasgueo individual. Los rasgueos individuales deben ser aced antes de ir a los patrones porque la perfección sobre una serie de rasgueos individuales es lo que conduce al éxito final de un patrón. Hay un montón de recursos disponibles en Internet, lo que le ayuda a decidir el mejor patrón de rasgueo en el futuro y ayudarle con la construcción de las mejores notas individuales.

Pasando a lo que se requiere para perfeccionar un rasgueo individual, nos inspiramos en un renombrado musico de uke, James Hill. Hill tiene un montón de recursos en línea y ha resumido sus ideas brillantemente dentro de videos y guías. Estas guías están destinadas a ayudar a las personas con lo que se requiere para lograr el rasgueo perfecto.

Hill rompe el proceso de rasgueo en cuatro componentes, que él cree que son igualmente esenciales para el proceso:

1. **Postura**: La postura que mantienes mientras rasgues es tan importante como la rutina real que estás siguiendo. Por postura, nos referimos a la forma de sus manos a medida que rasguea su camino hacia el éxito. Lo ideal es que tus manos se coloquen de la mejor manera posible para que puedas as el patrón y el rasgueo individual.

2. **El Camino**: En segundo lugar, es necesario perfeccionar el camino que sus manos siguen cuando van más allá de las cuerdas. Tus manos siguen un camino definido mientras atraviesas las cuerdas, por lo que debes perfeccionar eso para lograr un buen rasgueo.

3. **Posición**: La posición es tan importante como las dos métricas mencionadas anteriormente. De hecho, si desglosamos cada componente de acuerdo con el impacto que tienen en el resultado final, creemos que la posición donde sus manos terminan haciendo contacto con las cuerdas puede ser una métrica incluso importante. La posición es importante para obtener la mejor calidad de sonido de la rasgueo que está a punto de crear. La calidad del sonido es importante y es una métrica que no querrá estropear.

4. **Presión**: Finalmente, la cuarta métrica más importante para definir el éxito de la rasgueo es la presión. La prensa puede significar muchas cosas aquí, pero en el contexto del rasgueo, significa la fuerza que pones en el rasgueo. La presión detrás del rasgueo debe ser excelente para que pueda obtener los mejores resultados posibles. La presión en la cantidad correcta es perfecta para el éxito, ya que cualquier cosa más o menos puede arruinar su patrón.

Puedes ver videos en línea para ver cómo funciona el rasgueo individual porque más palabras no harían mucha justicia a lo que se necesita para perfeccionar tu rutina de rasgueo.

Patrones de rasgueo

Después de haber discutido lo que se requiere para perfeccionar sus rasgueos individuales, ahora nos movemos para discutir los patrones de rasgueo y cómo puede perfeccionarlos con éxito. Hay un montón de patrones disponibles en Internet, pero hemos preseleccionado cinco patrones, que le ayudarán a construir sobre su éxito como principiante.

Los principiantes necesitan entender cómo funciona el rasgueo, ya que es difícil para ellos perfeccionar el arte sin hacerlo.

Patrón de rasgueo #1

Este patrón de rasgueo es ideal para principiantes, ya que es fácil de tocar y memorizar en el diapasón. No hay complejidad involucrada dentro de este patrón, ya que se puede tocar fácilmente el ukelele con este patrón, así.

Este patrón es un simple d-d-d-d en 4/4 tiempo. También puede reproducir este patrón en 3/4 de tiempo, pero luego se consideraría como tres rasgueos hacia abajo en una medida de la música. El patrón es fácil de tocar y fácil de entender para los principiantes también. Los expertos dicen que puede simplificar aún más este patrón tocándolo a través del acorde C. Practicar rasgueo en el acorde C puede ayudarle a obtener los resultados deseados.

Patrón de rasgueo 2

Patrón de rasgueo 2 es el segundo patrón de rasgueo más popular disponible en el mercado. El patrón de rasgueo sigue un movimiento definido a través del diapasón, por lo que no perderás el tiempo recordando qué tipo de movimiento se requiere de ti. Debe tener en cuenta que cada down-up en este patrón de rasgueo ocupa la misma cantidad de tiempo que un down-up en el patrón de rasgueo número 1.

Para ayudarle a entender los dos primeros patrones de rasgueo con aún más detalle, echamos un vistazo a cómo se reproducirán al reproducir una canción real en el uke. A continuación nos fijamos en lo que se requiere de usted al tocar la melodía simple Hot Cross Buns a través de estos patrones de rasgueo. La melodía se reproducirá en la tecla G. Los acordes para la melodía deben ser alterados entre G y D, y la canción se va a tocar en 4 tiempos a la medida, o en una secuencia de tiempo de 4/4.

Usando los métodos identificados en Rasgueo Pattern-1, reproducirás la canción de la siguiente manera:

- 4 rasgueos abajo en la primera medida
- 4 rasgueos abajo en la 2a Medida
- 4 rasgueos hacia abajo en la medida 3a
- 4 rasgueos abajo en la 4a Medida

Usando este patrón, usted será capaz de rasgar la melodía para Hot Cross Buns a través del patrón de rasgueo número 1. Rasgueo Pattern number 2 es casi el mismo que el patrón de rasgueo anterior, con la única diferencia de que el rasgueo hacia abajo es ahora un rasgueo hacia abajo. Usas el dedo rasgueante para golpear la cuerda solo cuatro veces durante el primer patrón, pero en el segundo patrón, sigues el mismo movimiento durante más de ocho veces.

Debes seguir practicando estos patrones hasta que te sientas más cómodo con lo que está sucediendo a tu alrededor. Los patrones de rasgueo a seguir son básicamente una continuación de todo lo que has practicado dentro de estos patrones. La práctica continua de los patrones 1 y 2 te prepararía para los tres patrones venideros.

Patrón de rasgueo 3

Este patrón de rasgueo combina lo que podría haber practicado en los dos primeros patrones. Esta es una combinación de los patrones de rasgueo primero y segundo. Empiezas con un down, luego te mueves hacia abajo, luego repites hacia abajo y luego realizas otra bajada para terminar el movimiento. En resumen, va a cepillar las cuerdas seis veces dentro de una medida durante este patrón. Sin embargo, ya que es una combinación de movimientos hacia abajo y hacia abajo, desearía un poco de práctica antes de poder dominar este patrón.

Patrón de rasgueo 4

Dado que cada patrón de esta lista es una continuación del patrón anterior, el patrón de rasgueo 4 también se basa en lo que practicó y aprendió en el patrón de rasgueo 3 para reorganizar los movimientos por medida. Este patrón también requiere seis pinceles de la cuerda durante una medida musical, pero esta vez, tienes que mezclar lo que aprendiste en el patrón antes. En este patrón, usted comenzará con un down-up que un down. El patrón va hacia abajo seguido de un down, luego down-up, y luego otro hacia abajo. Después de haber practicado el patrón 3, esto será más fácil para usted.

Patrón de rasgueo 5

Este patrón de rasgueo también se conoce como el patrón de rasgueo de calipso y es particularmente difícil de dominar. El patrón de rasgueo se ha utilizado en muchos videos populares y sigue siendo un favorito de los fans para muchos en todo el mundo. Se puede ver este patrón de rasgueo utilizado dentro de canciones populares como The Sloop John B, Yellow, Day-O, Jamaica Farewell, Maryanne, y He's Got the Whole World in His Hands, entre otros. Este patrón requiere una práctica extensa, ya que no se puede as sin la práctica regular. La práctica regular es una necesidad, ya que le ayuda en la construcción del patrón adecuado para acing esta música. Este patrón requiere práctica porque tiene dos continuos 'y hacia arriba es después de un abajo. Esto es diferente de todos los patrones anteriores y requerirá que reconfigure su comprensión de los patrones y comience de cero.

Los patrones de rasgueo

Los patrones de rasgueo se pueden entender fácilmente cuando tienes notaciones musicales y detalles en profundidad de las medidas para ayudarte a superarlas. Pero casi todos los grupos de uke tienen hojas de canciones, que se utilizan para mostrar sólo palabras y acordes. Estas hojas de canciones pueden ser complejas de entender para la mayoría de los principiantes, ya que no te das cuenta de dónde comienzan y terminan las medidas. Con su limitado conocimiento de las medidas y cómo se muestran en las hojas de canciones, puede estropear fácilmente la información. Como regla general, debe seguir los acordes cantados por el cantante u otro bajista. Seguir el ritmo puede ayudarte a rendir bien, mientras que puedes cambiar los acordes cuando y donde sea notificado por la letra.

La práctica es de nuevo un aspecto clave aquí, ya que necesitas asegurarte de que estás en ritmo y sincronización con el resto de los cantantes y otros musicos. Sigue el tono establecido por el cantante y los otros bajistas, para que puedas mantener el ritmo intacto. Seguir claramente el ritmo ayuda a aumentar la perfección de tu música, a la vez que facilita que cada miembro siga el ejemplo de los demás.

Rasgueo y ritmo

Si bien todas las técnicas e información son relevantes e importantes, creemos que debe complementar el conocimiento que ha adquirido dentro de este capítulo con lo que está presente en Internet. Hay un montón de videos informativos disponibles en línea, que se basarán en usted la importancia de rasguear rítmicamente. Para profundizar en este tema, ayudamos a resumir la información de este capítulo como recordatorio para usted.

Recuerda que el rasgueo no necesariamente tiene que ser un trabajo difícil de manejar. Como musico de nivel principiante, puedes empezar a practicar rasgueo como todos los demás aspectos de tocar el ukelele. Usted no tiene que crear un plan maestro para hacer frente al rasgueo, como se puede practicar lo que hemos escrito aquí, con su rutina de juego de uke rutina. Por ahora, puede revisar los conceptos de una manera mejorada dentro de la información siguiente.

El dedo que usas para rasguear depende idealmente de ti. Los principiantes son más propensos a usar su pulgar, pero a los musicos experimentados les gusta usar su dedo índice. Debes ir por cualquier opción con la que te sientas cómodo, y no deberías forzarte a nada. Recuerda que tienes que usar la uña en tu dedo de elección mientras subes, mientras que puedes usar la carne tierna debajo de la uña cuando estás bajando. Esta rutina hará que el rasgueo en el uke sea extremadamente simple para usted. Además, haz espacio para las experimentaciones cada vez que estés aprendiendo a rasgar. Asegúrese de saber dónde y cómo experimentar. Las experimentaciones son imprescindibles, ya que te enseñan el patrón correcto para manejar la rutina de rasgueo. Sin experimentos, no serías capaz de alcanzar los resultados deseados en el tablero de Uke. También puedes usar una selección para rasguear si no puedes usar los dedos por adelantado. La selección no tiene que ser de plástico duro, como el utilizado para la guitarra, pero se puede utilizar una selección suave para rasguear en el uke. Los detractores podrían decir que el uso de una selección arruinará sus hábitos, pero no hay nada de malo en utilizar una selección suave para rasguear si no se siente cómodo con tocar con las yemas de los dedos.

Necesitas saber el mejor lugar en el uke para rasguear. En los ukes y sopranos tradicionales, el mejor lugar para rasguear es cerca de la conexión entre el cuello y la base del ukelele. Aquí es donde el sonido que sale se considera de alta calidad. Puede utilizar este espacio para lograr un buen efecto rasgueando en esa parte del diapasón. Además, tienes que asegurarte de que el ritmo se practica antes de intervenir para una actuación. Practica el ritmo con tu grupo y comprueba si el sonido de esa parte específica está complementando la música que estás a punto de crear.

Cuando estás tocando dentro de un grupo, debes seguir rasgando si pierdes el ritmo o tu lugar durante un cambio de acordes. Mantenerse intacto con el ritmo es más importante que preocuparse por cómo cambiar el acorde cuando se ha perdido el ritmo con él. Rasgueo te permite mantener el ritmo de la música que se está reproduciendo, sin dejar que nadie se dé cuenta de que te perdiste el cambio de acordes siempre importante durante la actuación. No podemos enfatizar demasiado este punto, debido a lo importante que es. Debes seguir rasgando y mantener el ritmo intacto cada vez que tu actuación se vea perturbada por un cambio de acordes con el que no pudiste mantenerte al día. Los principiantes querrían saber en qué acorde deberían rasguear si perdieran el cambio de acordes. Para responder a esto, usted debe rasguear en el acorde básico en el que la tecla está actualmente. Por ejemplo, si la clave es de C, y usted fumbled tratando de pasar a un F7, entonces usted debe rasguear en la tecla C hasta que pueda volver a la pista. Esto le ayudará a guardar su rendimiento y se aseguraría de que su ritmo está en el punto sin ningún contratiempo como tal.

Como principiante, también necesitas practicar con moderación cuando vas a aprender patrones de rasgueo. Los patrones de rasgueo no deben ser abordados apresuradamente, ya que usted querría tomarse su tiempo en acercarse a ellos. Para empezar, usted debe buscar ir un paso a la vez, en lugar de tomar todos los rasgueos por el cuello. Trabaje en los dos primeros patrones mencionados en este capítulo inicialmente, y asegúrese de que los ha dominado completamente antes de saltar a cualquier otro patrón. El rasgueo debe hacerse idealmente sin ningún contratiempo si practica los patrones de acuerdo con su nivel de dificultad. Empiezas con los dos primeros y solo pasas a los dos siguientes cuando los dominas. Tan pronto como usted tiene un cierto nivel de competencia sobre los dos primeros, se puede pasar a la tercera y cuarta. Una vez que se capitaliza completamente en el tercer y cuarto tonos, a continuación, puede pasar a la final calipso, que también es el más difícil.

Aprender patrones para rasguear y dominar las técnicas puede ser una tarea compleja; sin embargo, ir de un paso a otro de una manera gradual puede hacer todo el proceso mucho más fácil. La información presentada en este capítulo te ayudará a empezar a lo que vendrá en el mundo del rasgueo, y cómo puedes dominarlo.

Capítulo 14

Tocar Melodías en el Ukelele

Toda la música popular que vemos a nuestro alrededor se compone de armonías y melodías. Estas melodías y armonías son responsables de añadir peso a la música y hacer un trabajo básico para asegurarse de que la música suena melodioso a los oídos.

Para empezar, la armonía es lo que tocamos y escuchamos cuando los acordes son rasgados. Melodía , por el contrario, es la secuencia de notas presentes dentro de la notación musical estándar. Esta secuencia de notas se reproduce en la clave de agudos y se utiliza para producir melodías. Sin embargo, la noción estándar para reproducir música no se utiliza popularmente en muchas de las jam sessions de uke que vemos a nuestro alrededor. La notación estándar para la música lleva una nota de todas las melodías y armonías, pero eso no se sigue cuando se está tocando el uke. Reproducir el uke requiere una consideración especial, ya que las hojas de música utilizadas para torarlo contienen sólo palabras y acordes. Los reproductores de Uke usan hojas de canciones en lugar de notación musical estándar. Por lo tanto, teniendo en cuenta la falta de información adecuada, el musico uke tiene la tarea de crear la melodía.

Melodía es necesaria dentro de una melodía, ya que eso es lo que la hace más sintonizada. Es la razón por la que nos gusta cantar canciones específicas como Clementine, You are my Sunshine, y the Land is Your Land porque nos gustan las melodías que vienen con esta música. Los acordes que vienen con estas canciones nos proporcionan la armonía correcta y hacen que las canciones sean aún más interesantes y agradables de escuchar. Como hemos discutido anteriormente en este libro también, la progresión de acordes se utiliza como la melodía para muchas canciones populares tocadas con el ukelele.

Reproducir una melodía en el ukelele
El ukelele es uno de los pocos instrumentos que se pueden utilizar para tocar melodías y acordes. La melodía para el ukelele está, sin embargo, algo incrustada dentro de los acordes que vienen para el instrumento. Cada acorde que se utiliza para tocar el ukelele viene con una nota de melodía separada. Para profundizar en esta información, podemos tomar el ejemplo de la Clementine, donde el acorde F tiene una nota de melodía F, y el acorde C7 tiene una nota de melodía G.

Cuando rasgas los acordes C7 y F junto con el ritmo de una canción, no escuchas la melodía en tus oídos, porque es básicamente un par de acordes que van y vienen. Sin embargo, la melodía se destaca cuando hay más acordes involucrados dentro de una canción. La ciudad de Nueva Orleans es un ejemplo de una canción que destaca porque hay dos melodías dentro de esa canción. Una vez que toques todos los acordes de las primeras cuatro líneas de esta canción, notarás que todas las melodías vienen en orden y creas la magia requerida.

Mientras que todos los acordes para los musicos de uke son responsables de incorporar la melodía de cualquier canción, todavía tienes que elegir notas de melodía ubicadas dentro de la clave de agudos. Puedes tocar 24 notas diferentes en solo los primeros cinco trastes. La nota más baja para los primeros cinco trastes se encuentra en la cuerda C, la C media del piano. La nota más alta para estos cinco trastes es la D, que se puede reproducir presionando la cuerda A. Puedes comprobar esto para cada nota en tu ukelele usando un afinador. Usted debe acostumbrarse a todas las notas presentes en el diapasón, en particular las que se utilizan dentro de los primeros cinco trastes. La primera línea de la canción, Clementine, puede ser fácilmente tocada sólo por las notas en la clave de agudos.

Cuando estés tocando el ukelele durante las sesiones de jamming, te resultará difícil escuchar la melodía del uke audiblemente. Esto puede suceder debido a varias razones. En primer lugar, muchos musicos de ukelele de nivel principiante no tienen el conjunto de habilidades necesario para reproducir la melodía a la velocidad de la que se reproducen o cantan canciones. Son incapaces de mantenerse al día con la velocidad, y eventualmente, terminan perdiendo el impulso que han ganado. La nota más baja situada en el ukelele estándar es la C media. Sin embargo, muchas de las canciones populares que vemos a nuestro alrededor tienen notas acostadas y por debajo de la C media.

Además de tocar notas precisas, también hay que tener en cuenta el ritmo que entra en la música. Hay cuatro duraciones de notas distintas y diferentes dentro de la música Clementine; estas duraciones incluyen las notas de media, cuarto, octava y decimosexta. Por lo tanto, además de simplemente arrancar sus notas a la derecha, el musico también tiene que aplicar duraciones de notas perfectas y precisas. Esto puede terminar haciendo la melodía aún más difícil para todos los involucrados.

El sonido para el ukelele no lleva muy bien en comparación con la guitarra, por lo que el sonido se ahoga por el rasgueo a su alrededor. Estas son solo algunas de las razones por las que no eres capaz de identificar la melodía cuando tocas el ukelele en una sesión de improvisación.

Sin embargo, incluso con todas las melodías que se ahogan en una sesión de improvisación, hay varias razones por las que deberías aprender a tocar melodías en el ukelele. En primer lugar, tocar melodías ayuda a enseñar exactamente dónde se encuentran las notas en su diapasón. Tocar melodías te abre la oportunidad de elegir los acordes en lugar de practicar rasgueo. La melodía resultante creada al elegir notas individualmente de un acorde puede realzar en gran medida la belleza de una canción. Mientras que las sesiones de improvisación con el ukelele apenas graban una melodía, su mel9ody será apreciado y aplaudido durante sesiones de grupo más pequeñas, donde será audible.

Además, cuando estás practicando solo, tocar melodías es mucho más interesante y más simple que simplemente rasguear. Ya que puedes experimentar tanto como quieras cuando juegas solo, también puedes mezclar el rasgueo de acordes con la melodía de múltiples maneras. También puedes aprender tablatura de ukelele aprendiendo la melodía en su forma más pura.

Opciones para reproducir Melodía

Tienes un montón de opciones para tocar una melodía en el ukelele. Todas estas opciones hacen que el proceso sea más fácil y más manejable para usted. Hay tres métodos que puedes elegir al aprender a tocar el ukelele. Estos métodos para elegir incluyen:

Play by Ear

Este es el primer y más completo método de tocar la melodía como un musico de ukelele. En este método, usted necesita ser seriamente consciente de las notas en el diapasón y necesita tener la melodía incrustada en su cabeza. La ubicación de las notas en el diapasón puede hacerle saber cómo agregar melodía a la canción. Además, conocer las melodías en tu cabeza puede ayudarte a reaccionar a las necesidades de la canción a medida que avanza. Si sabes cómo hacer todo esto sin ningún problema, entonces eres un musico de ukelele ya logrado, mucho más allá del tipo de principiantes para los que está escrito este libro.

Leer la música

Si no puedes tocar la melodía por tus oídos, necesitas aprender a leer música de una partitura de notación musical estándar. Las notas, el tono y la duración de la música Clementine se colocan en el pentagrama de agudos. Saber leer música puede simplificar todo este proceso para usted. Usted no tiene que seguir ningún protocolo o proceso indebido si sabe lo que se requiere de usted mientras lee música. La lectura de música le permite predecir patrones y llegar a la debida conclusión de lo que es mejor para usted. Leer música también puede ayudarte con otros equipos musicales, además del ukelele. Saber cómo hacerlo es bastante útil y le da el resultado deseado.

Leer Tablatura

Tablature es una forma simplificada y fácil de encontrar y tocar melodías. Este es también el método más recomendado y preferido por y para los musicos de ukelele. La tablatura está destinada a ayudarle a identificar dónde poner los dedos y en qué cuerda. La tablatura te ayuda a encontrar la dirección y las melodías cuando estás aprendiendo a tocar el ukelele. Contiene instrucciones específicas sobre cómo se puede ace melodía. Hay cuatro líneas en una tabla básica, que están alineadas para formar el ukelele como si estuviera frente a ti. Una vez que tengas esto en la cabeza, puedes avanzar en tu camino hacia el juego de pestañas y melodías de la mejor manera posible.

Duración de juego en Tablature

Mientras que muchos artistas prefieren tablaturas, hay un pequeño problema con ellos. El problema es que la duración de las notas o de las melodías no se indica dentro de la tablatura. La tablatura muestra el tono de las notas, pero nada más que eso. Esta información limitada no es de mucha ayuda a veces, y usted tiene que pensar en nuevas maneras de hacer el trabajo. El tono de la nota no le dice nada acerca de lo que se necesita para las duraciones.

Entonces, ¿cómo se rodea este enigma para reproducir música de la mejor manera posible? La mejor manera de hacerlo es a través de los siguientes medios:

Aprender a leer las duraciones

Incluso si no lees música y aún no lo has aprendido, siempre puedes aprender a leer firmas y la duración del tiempo que llevan. Cuando empieces a leer música, encontrarás que es mucho más fácil que leer tonos musicales a medida que se te acercan. Leer estos lanzamientos puede ser mucho más fácil para todos los involucrados.

Aunque es posible que te resulte confuso al principio, aprender a leer las duraciones de las notas es en tu mejor interés y puede hacer que reproducir música sea mucho más fácil para ti. Las notas de tablatura se vuelven bastante obvias cuando las lees de esta manera. También puede empezar a hacer referencia correctamente a las duraciones, sin ningún error como tal.

Toca Melodías basadas en tu conocimiento de la canción

La segunda forma de adivinar duraciones y tocar melodías es a través de su propio conocimiento de la canción. Si conoces la melodía y las duraciones que vienen con ella de memoria, podrás seguir el ritmo y dar duraciones adecuadas. Esto puede ser un poco más complicado para las melodías porque todas las notas ubicadas dentro de una medida tienden a tener diferentes duraciones. Estas diferentes duraciones tienen un propósito establecido y crearon una melodía en su forma adecuada. Una vez que sepas de las duraciones, puedes saber cuándo cambiar notas para generar la melodía adecuada. Hay melodías que conoces de memoria, y puedes practicar duraciones en estas melodías para perfeccionar tu estilo.

puede tener números anotados

Tablature también puede tener números anotados. Estas notaciones están destinadas a mostrar las duraciones entre melodías. Una tablatura notada puede darle una sensación de dirección a seguir mientras toca la música en el ukelele.

Siempre puedes aprender a interpretar las duraciones de las notas cuando te conviertes en un musico de uke más consumado. Por ahora, debe comprender la importancia de estas duraciones y lo que debe hacer para obtener más resultados.

Capítulo 15

Entender la Anatomía de la Partitura Para el Ukelele

La música, que ha sido escrita para ser reproducida en el ukelele, puede ser visible en uno de los tres formatos siguientes:

1) Hojas de canciones, que incluyen acordes y letras y es perfectamente adecuado para grupos de interpretación;

2) Notación musical estándar dentro de una hoja de plomo, que es fácil de ser tocada por cualquier persona con una comprensión básica de la música;

3) En forma de tablatura, que se puede utilizar en lugar de notación musical.

Las notas musicales para tocar el ukelele se discuten más adelante:

Notación musical estándar dentro del Clave de agudos
Además de las notas de los acordes y melodías, la clave de agudos también es perfecta para mostrar la clave de la canción y el compás. Todos los músicos que han tocado una notación musical estándar antes sabrían todo lo que hay que saber al respecto. La notación

musical estándar incluye todo lo que necesitas o requieres para reproducir una canción. Los acordes se representan a través de símbolos de letras en la notación musical estándar y se colocan para el beneficio del musico uke. Se colocan adecuadamente para los musicos que sólo quieren tocar los acordes.

Esta es la razón por la que tenemos una F mayúscula escrita sobre todas las notas que se tocan para el acorde F y un Am adecuado escrito en todas las notas que se tocan para el acorde menor A. No es necesario tener un conocimiento profundo de acordes y notas para poder tocar el ukelele. Lo que sí necesitas saber es cómo debes dedo el acorde A menor y el acorde F y rasgueo correctamente al ritmo de la música. Esta información es suficiente para comenzar.

Hojas de Canciones: Solo Acordes y Palabras
Las hojas de canciones son más populares entre los musicos de nivel principiante porque muestran información en una forma que es más fácil de interpretar para ellos. Las hojas de canciones incluyen sólo los símbolos de acordes y letras en una forma, que es fácil de entender para el novato. Estas hojas emiten todas las claves de tablatura y agudos, ya que pueden ser un poco difíciles de entender y comprender para los principiantes.

Cualquier persona familiarizada con las hojas de canciones sabrá cuánta información se presenta en una. Sólo hay acordes y palabras. Usted puede saber fácilmente cuando se le requiere para tocar un acorde o para saltar un acorde poco común. La información es predecible y no requiere interpretación adicional.

Tablatura que muestra melodías y acordes

Si usted no sabe cómo leer música, y no entiende cómo manualmente acordes de dedo, entonces una tablatura tendrá toda la información que necesita. A veces una tablatura es todo lo que tienes para tocar el ukelele, ya que tienes que trabajar alrededor de la información dada para generar fragmentos de música conmovedoras para los oídos. Cada vez que veas notas que están apiladas en una tablatura, tienes que rasgar las cuatro cuerdas en tu uke. La tablatura es fácil de entender y tocar .

Hay varias hojas para hacer referencia a cuando se reproduce música en el ukelele. Todas estas hojas están destinadas a hacer su trabajo más fácil como músico. A través de estas hojas, puede hacer que tocar el ukelele sea más fácil para usted, sin tener que buscar acordes oscuros o tomar interpretaciones desafiantes.

Capítulo 16

Canciones Para Tocar en el Ukelele

Por ahora, ya sabes cómo tocar el ukelele en un nivel básico y cómo manejar los acordes y las notas. Tocar el ukelele no es una hazaña, por lo que tienes todas las razones para estar orgulloso de ti mismo.

El ukelele es uno de esos instrumentos musicales raros que es capaz de iluminar el estado de ánimo dentro de cualquier lugar. El instrumento es fácil de tocar y hace que un buen entretenimiento y tiempo de diversión con sus amigos. Sólo se necesita un par de acordes para hacer que todos sonrieten cuando tienes un ukelele en tus manos y algo de información básica sobre cómo manejar el instrumento. Mejorar tu conjunto de habilidades en el ukelele puede tomar algún tiempo, pero realmente no tiene que ser aburrido a cualquier precio. A través del curso de este libro, es posible que haya descubierto lo interesante y emocionante que puede ser toda la perspectiva de tocar el ukelele. Usted puede disfrutar de las cosas nuevas y puede tocar a su máximo potencial donde y cuando quiera.

Toda la etapa de aprender a tocar el ukelele también puede ser divertida, ya que descubres formas interesantes y nuevas de manejar el instrumento de la mejor manera posible. La experiencia es divertida y te dará un montón de cosas para aprender y desarrollar.

En este capítulo, vamos a adentrarnos en el mundo de la magia uke y hablaremos de algunas de las mejores canciones que puedes tocar en tu preciado instrumento. Estas canciones serán difíciles de dominar para todos los principiantes cuando están empezando su viaje, pero permítanos decirles que pueden ser gratificantes, ya que la cuerda en elogios y honor de todos los que te rodean.

Tomamos esto como una excusa para incluir algunos de los clásicos también, lo que le ayudará a divertir a sus amigos y familiares de una manera aún mejor. Bueno, los clásicos pueden ser un poco difíciles de tocar cuando los haces la primera vez, pero déjanos decirte, la satisfacción vale la pena.

Cada una de las canciones que hemos mencionado en esta lista ha llegado a la cima debido a una razón. Todas estas canciones hacen que tocar el ukelele sea mucho más sencillo y te dan el tipo de brillo musical que estás buscando. Todas estas canciones suenan increíbles en el ukelele, por lo que no tienes que preocuparte de que pierdan su esencia básica cuando los rasgas.

Calentamiento y preparación

Antes de comenzar con la lista, es mejor para usted como principiante tomar una respiración profunda y hacer algunos pasos de calentamiento. Tomar estas grandes canciones puede ser un desafío, por lo que tienes que estar listo para lo que viene en tu camino. Algunos musicos muy sorprendentes del ukelele han estropeado una rutina de canciones simple porque no estaban mentalmente preparados para empezar a tocar. Así que, antes de llegar a la música, tienes que sentarte y reflexionar sobre si estás mentalmente preparado para estar tocando esta música. Si crees que estás mentalmente preparado para el desafío, no hay nada que deba detenerte.

Usted puede planear practicar el canto, así junto con las canciones, lo que añadirá más propósito a su actuación. Cantar junto a la actuación te dará el tipo de satisfacción que deseas y seguramente hará que tu audiencia se enfade. Haz una rutina de calentamiento vocal antes de ir al escenario y comenzar tu rutina para divertir a tus espectadores.

Si no estás seguro de cómo afinar tus cuerdas vocales, puedes pasar por un montón de videos de guía disponibles en Internet. Estos videos tienen un montón de información útil y pueden ayudarle a decidir la mejor manera de avanzar para afinar sus cuerdas vocales para el rendimiento que está por venir. No quieres estropear tu actuación porque tus voces no se sintonizaban correctamente. Es importante que también practiques el canto durante largas sesiones para que sepas que estás totalmente preparado para lo que está por venir. No te presiones a ti mismo cuando se trata de cantar. Usted no quiere estar abrumando sus cuerdas vocales, ya que hacerlo puede conducir a múltiples repercusiones.

Con todo esto dicho y hecho, es hora de que saltemos a algunas de las mejores canciones para tocar en tu ukelele. Estas canciones te mantendrán enganchado y seguramente te darán la aclamación que te mereces.

CONSEJO: Aprende a tocar (¡y canta!) canciones. No te metas en juguetear con él. El propósito de la música es reproducir canciones, no sólo hacer sonido.

En algún lugar sobre el arco iris / qué mundo maravilloso por Israel Kamakawiwo'ole

No hay mejor manera de empezar a practicar el ukelele que esta maravillosa obra maestra de la leyenda Israel Kamakawiwo'ole. Creemos que puedes lograrlo con tu ukelele porque no es tan difícil. Esta canción es una amalgama de dos clásicos diferentes, por lo que hay que tener cuidado con la forma de unir las cuerdas. No sólo rendirás homenaje a un clásico, sino que lo harás a dos de una sola vez.

Si lo miramos, las piezas individuales no eran tan grandes para tocar juntos en un ukelele. Pero la forma en que Israel fusionó toda la canción va un largo camino en hacer de esta la pieza perfecta para tocar en su ukelele recién aprendido. El mundo de Harold Arlen y Bob Thiele se ha fusionado para ti, y todo lo que necesitas hacer es dar un paso adelante y asumir el desafío. Mezcla las personas de ambas estrellas y crea magia con tu ukelele.

Si nos fijamos en lo básico, dominar esta canción en el uke puede tomar mucho tiempo. Obviamente, ciertas notas serán más difíciles de tirar, pero créenos cuando decimos que esta amalgama brillante terminará enseñándote lo que necesitas saber sobre los acordes y patrones de rasgueo. La música es más fácil de manejar y es sólo una delicia para escuchar.

En algún lugar sobre el arco iris / lo que un mundo maravilloso por Israel Kamakawiwo'ole podría no ser la canción más fácil de aprender en su ukelele, pero es una que le dirá mucho acerca de cómo se toca el uke, y lo que puede hacer para promover su información. Ya que sabemos que está empezando, la información mencionada en este libro le ayudará a hacerlo. Te animamos a as esta canción y probar algunas de las otras canciones que Israel ha hecho, él es un verdadero genio en el ukelele, y si puedes replicar su éxito, estarías haciendo muchas cosas bien.

Jason Mraz – Soy tuyo
Soy tuyo por Jason Mraz es una adición más contemporánea a esta lista. De hecho, si eres uno para la música clásica y clásica, tradicional, es posible que no hayas escuchado esta. Nada mejor que la melodía y la música relajante que Jason Mraz ha sido capaz de producir en esta canción. Esta es una de las pocas canciones impresionantes que han salido en los últimos años, y se puede probar en su ukelele.

Lo bueno de esta canción es que Mraz mantuvo las cosas bastante simples con la música. No experimentó en exceso, por eso terminó obteniendo los mejores resultados. La canción ha sido moldeada para que coincida con los estándares principales del público de hoy en día, pero la mayor parte de ella era la misma que en el pasado.

La progresión de acordes para este poco conmovedor de música es justo lo que más nos excita. Las progresiones de acordes se encuentran más cerca de la música pop moderna en el espectro de la música, por lo que la mayoría de los reproductores de ukelele serán capaces de dominarlo sin mucho ado. Puedes cantar esta canción junto con tocar el ukelele porque las letras son tan pegadizas y emocionantes como la música que sale de tu ukelele.

Creemos que esta canción es una opción increíble para cada niño pequeño que busca cantar mientras toca la música. Esta canción te da una buena opción para perfeccionar tu voz mientras trabajas en una gran melodía. La melodía de esta canción también dirigirá tu voz hacia adelante y te ayudará a mejorar tu interpretación general en su conjunto.

Una vez que empieces a tocar 'I'm Yours' de Jason Mraz, notarás que el patrón de rasgueo utilizado aquí es bastante simple. Hemos hablado en detalle sobre los métodos y técnicas de rasgueo, y ya deberías saber todo sobre ellos. Las sencillas técnicas de rasgueo utilizadas dentro de esta canción te dan la oportunidad de innovar y traer una nueva técnica que puede ser útil. La nueva técnica no necesariamente tiene que ser extremadamente compleja, pero se puede cambiar el patrón de rasgueo, ya que hay un espacio significativo para la improvisación. La canción te enseña un montón de cosas interesantes que luego puedes implementar dentro de tu propia música.

Can't Help Falling In Love de Elvis Presley
Elvis Presley fue un genio, y creó algunas de las mejores canciones que escucharás. Can't Help Falling In Love es un clásico de Elvis Presley y es una de las mejores canciones que ha tocado. La canción tiene una melodía conmovedora y se puede tocar en el ukelele, ya que tiene un tono consistente que no te desafiará.

La belleza de esta canción reside en la cantidad de espacio para la innovación y la improvisación que tienes aquí. Puedes innovar mientras reproduces la canción y puedes probar algunos trucos de la caja que no están en la hoja. Hay varias maneras de reproducir esta canción, y creemos que cada método tiene su propio encanto. La canción, si se perfecciona, creará una melodía suave en el ukelele y le dará todos los elogios y elogios que está buscando.

La progresión de acordes dentro de esta canción es básica, y no hay complejidades como tal. Puedes seguir la progresión básica de acordes, que es inherentemente parte de esta canción, o puedes hacer las cosas un poco más picantes añadiendo detalles sutiles dentro de la mezcla. El hecho es que tienes mucho que aprender de la música aquí.

Dado que la mayoría de los principiantes están confundidos acerca de por dónde empezar, podríamos tener algunos consejos útiles para usted. Puede comenzar con un patrón fácil para rasguear, antes de pasar a los acordes mencionados. Tan pronto como te aferres a cómo progresan los acordes, puedes cambiar tu patrón de rasgueo mientras mantienes el ritmo y asegurándote de que el nuevo patrón de rasgueo esté en línea con el tono original de la canción. Creemos que cantar junto a esta canción no es realmente una mala idea, ya que le daría una curva de aprendizaje decente. Hay mucho que aprender aquí, por lo que puedes ejes con mucho más conocimiento de lo que esperabas por primera vez. La canción tiene buenas y fuertes voces, que seguramente mejorarán su propia interpretación también.

Al igual que todas las canciones que hemos tratado de enumerar aquí, Can't Help Falling in Love es una de esas melodías cotidianas, que nunca caerán en desgracia con las masas. La melodía nunca envejecerá, y puedes tocarla cuando estés afuera en una fogata con tus amigos. Este es uno para los siglos.

Trouble by Never Shout Never

Las canciones que hemos enumerado hasta ahora son para principiantes para mojar sus pies en el ukelele. Una vez que hayas aprendido a tocar los, puedes saltar a Trouble by Never Shout Never. Esta es una de las canciones más complejas para cantar y tocar en el ukelele, por lo que esto actuará como la progresión que necesita en su viaje hacia la gloria. Esta canción es un poco diferente a otras porque no sólo se considera desafiante debido a la melodía o notas uke, sino debido a otra cosa.

Para ser honesto, la música de esta canción es tan simple como se pone. Los acordes y patrones de rasgueo son fáciles de mantener, y puedes seguirlos fácilmente sin preocupaciones en el mundo. El valor que esta canción tiene como herramienta de aprendizaje proviene de otro lugar, y no sólo la complejidad de los patrones de rasgueo.

No bromeo, si había una canción que puede desafiarte cuando se trata de tocarla y cantarla juntos, entonces es ésta. Trouble by Never Shout Never es una de las canciones más difíciles de cantar mientras la toca en el ukelele también. Por complejo, estamos hablando de versos no congruentes, cambios extremos en el tempo, ritmo que va en contra de los versos, y mucho más.

Sin embargo, ser capaz de interpretar esta canción sin problemas será uno de los sentimientos más gratificantes de la historia y actuará como una pluma en su gorra. Tienes que empezar a reproducir esta canción despacio para que puedas llevarla al siguiente nivel sin ningún tipo de problema.

La introducción tiene clase y requiere que toques un solo acorde cuatro veces. Esta repetición continua se desarrolla como un patrón de rasgueo más tarde durante la canción. Obviamente encontrarás desafíos al intentar cantar y tocar esta canción juntos. La mejor manera de abordar estos desafíos es aprender a tocar esta canción primero en el ukelele. Una vez que haya perfeccionado su patrón de juego, entonces puede trabajar en el canto para prestar su voz. Esto le permitirá ir a su propio ritmo y hacer algunas modificaciones necesarias al ritmo.

Permítanos advertirle que aprender a tocar esta canción tomará algún tiempo. Todo el proceso te agotará la vida, e incluso podrías pensar en probar algo que no sea tocar el ukelele, pero vale la pena. La letra también te obligará a ampliar los límites de tus capacidades de canto en ese momento, pero permítanos decirte que cada pedacito de ella valdría la pena. Desde la progresión y el desarrollo, usted es testigo como un musico uke, a las mejoras en sus habilidades vocales, cada pedacito de ella valdría la pena.

Riptide de Vance Joy

Cantada por Vance Joy, Riptide es una de las canciones más increíbles para que las toques en el ukelele. Sin embargo, necesitas ser un seguidor de la música contemporánea y más moderna, si realmente quieres disfrutar de esta canción. La canción tiene una simple progresión de acordes y es bastante simple para los musicos de uke de nivel principiante para tocar en su equipo. No hay nada demasiado complejo en esta canción, pero hay fases interesantes en las que podría ser desafiado por los giros repentinos de la música. El ritmo sube y baja y requiere habilidades de nivel experto.

El patrón de rasgueo utilizado dentro de esta canción se asemeja al patrón de rasgueo que era común en la estética de la guitarra de clase de las canciones tradicionales españolas. El patrón de rasgueo para las canciones tradicionales españolas requeriría que el musico saltara de un acorde a otro sin tomar ningún descanso indebido. El rasgueo sonará increíble en el ukelele, pero el patrón de rasgueo desafiará sus habilidades y requeriría que usted vaya de un acorde a otro sin tomar un descanso.

Tendrás que ser rápido con tu patrón de rasgueo aquí, ya que no tienes mucho tiempo entre canciones aquí. Saltar rápidamente de un acorde a otro es lo que definirá el éxito para usted como alguien tocando el diapasón aquí.

Si la progresión rápida de acordes es un problema para usted dependerá del conjunto de habilidades actual del que se jacta. La progresión rápida puede llegar a ser un problema para usted si usted está empezando a aprender a tocar el ukelele. Un principiante tardará alrededor de un par de semanas en reproducir toda la canción dentro de su forma original.

Las cosas pueden, sin embargo, llegar a ser un poco difícil si usted está buscando para cantar esta canción también. Vance Joy es un cantante increíble, y ha mostrado su rango vocal en plena gloria dentro de esta canción. Si aún no tienes control total sobre tus voces, no podrás entregar algunas de las notas como él ha sido capaz de hacerlo. Sin embargo, si tienes control sobre tus acordes, podrás hacer un trabajo increíble con esta canción.

La Vie En Rose de Edith Piaf
La Vie En Rose de Edith Piaf es una de esas canciones increíbles e icónicas, que ha sido tocada o interpretada en casi todos los tipos

diferentes de instrumentos populares. La Vie En Rose es una de las mejores baladas jamás interpretadas y también es uno de los mejores hijos para los musicos de ukelele de nivel principiante para probar.

La mejor parte de esta canción es que puedes adaptarla fácilmente de acuerdo a tu propio estilo de juego y canto. Usted no tiene que seguir el estilo elegido por el cantante a la camiseta y puede hacer sus propios ajustes a ella. Si usted está impresionado por la legendaria Edith y quiere hacerlo a su manera, entonces usted tendrá que enviar su voz en overdrive y cantar de una manera que estaría en línea con lo que Edith hizo aquí.

El patrón de rasgueo uke estándar funciona muy bien aquí. Hay espacio para la improvisación, pero teniendo en cuenta su nivel actual de experiencia, nos gustaría que usted fuera con el flujo, ya que las improvisaciones pueden ser riesgosas aquí. Puedes arpegiar los acordes si tienes ganas de añadir un toque improvisado al tono o quieres acelerar las cosas. La improvisación descansa enteramente sobre los hombros.

Hablando de rareza, esta es una de las pocas canciones que sonará triste y dramática incluso en un ukelele. Puedes reproducir la canción muy lentamente para dividir los acordes en notas. La canción le dará un tono azul y seguramente conseguirá que esas lágrimas en marcha. Esta es una de las pocas canciones que pueden hacer llorar a un intérprete.

Aleluya de Leonard Cohen

Continuando en la lista de tristes baladas que hacen increíbles canciones de ukelele, Hallelujah por el difunto Leonard Cohen viene a la mente. Podríamos haber perdido a Leonard Cohen hace muy poco, pero su trabajo sigue ahí para que la gente la disfrute y la vuelva a recrear. Cualquiera que haya escuchado la canción sabría de la energía que proviene de ella. Curiosamente, tocar la canción en un ukelele no le quita energía, y en su lugar añade mucha más exuberancia y pasión.

Hay un montón de artistas que han jugado Aleluya en el ukelele y han sido capaces de asar la rutina. Si puedes combinar la melodía del ukelele con algunas voces increíbles, estarías haciendo el alma tardía de Leonard Cohen, un gran servicio.

Esta canción es una curva de aprendizaje perfecta para aumentar sus habilidades de ukelele, así. Esto se puede decir porque la canción crea un ambiente extremadamente especial, que seguramente no se puede crear con ningún otro instrumento. El ritmo y los acordes acentuados ayudan a ampliar tu conjunto de habilidades y te dan mucho más para aprender y practicar. La canción puede comenzar lentamente, pero pronto retoma el ritmo y se vuelve tan intensa como desearías que fuera. Se necesita un poco de práctica para as de la canción, ya que al principio estarás por todo el lugar tratando de perfeccionar el ritmo.

Hey, Soul Sister de Train

A diferencia del par de canciones anteriores, no hay nada triste en Hey, Soul Sister by Train. La canción es melodiosa y perfectamente adecuada para su ukelele. El patrón de rasgueo es tan básico como vienen, y no necesitas ninguna habilidad especial para dominar. Esta canción es un gran levantador de humor para quien esté escuchando o tocando. Puedes levantar tu estado de ánimo como musico, porque no necesitas nuevas habilidades para reproducir esta canción, y porque puedes manejar fácilmente el patrón de rasgueo. ¿Hay momentos en los que te sientes bajo y abajo como un musico uke? Bueno, esta es la canción para tocar en ese momento.

Los acordes de esta canción son fáciles, y las letras tienen una tonalidad aguda. Las voces pueden ser difíciles, porque Hey, Soul Sister no suena igual sin estas voces altas y tonalidad. Esto puede atornar a algunas personas de tocar esta canción, pero una vez que complementes tus letras con la facilidad de tocar las notas de esta canción, obtienes una mezcla gratificante. Cantar esta canción puede ayudar a empujar tu voz a través de nuevos límites y alturas.

Blank Space de Taylor Swift

No muchos esperarían que esta canción fuera una entrada popular dentro de la multitud de ukelele, pero es lo que es. Esta increíble canción de Taylor Swift es pegadiza de escuchar y tiene una simple progresión de acordes. Reproducir esta canción en el ukelele es bastante fácil y no requiere una maniobra sin fin. Usted puede encontrar fácilmente su camino alrededor de las voces desafiantes ya que los acordes de ukelele son bastante fáciles.

Blank Space se está convirtiendo lenta y gradualmente en una de las canciones de ukelele más populares, para gran a la locura de las multitudes más jóvenes hacia Taylor Swift. La melodía feliz se puede tocar fácilmente, que creemos que es una de las razones por las que.

Otra buena parte de esta canción es que se puede elegir ir contento con ella o puede tomar la ruta azul hacia fuera. Tu canto puede determinar cómo vas con toda esta canción. El patrón de canto no tiene que ser consistente y por las sábanas. Usted puede tocar un poco con el patrón de rasgueo, así, ya que puede infundir una variedad de emociones dentro de esta canción. Blank Space es, de hecho, un lienzo en blanco, esperando a que te llenen o juegues en tu ukelele de la manera que quieras.

Hola por Adele
Todos los seguidores contemporáneos de la música recordarán Hello by Adele. La canción encendió el mundo y rompió Internet en poco tiempo. Sabiendo cuánto éxito había tenido la canción en poco tiempo, no fue una sorpresa ver que se abre camino en el mundo de los ukuleles y otros instrumentos.

Fue sólo cuando la gente comenzó a tocar la canción en el ukelele, se dieron cuenta de lo mucho sentido que tenía. La melodía es simple y relativamente fácil de aprender. No tienes que aprender muchas cosas nuevas, ya que el rasgueo es bastante fácil de manejar. La parte difícil aquí es que tendrás que decidir entre tocar esta canción un poco más rápido y convertirla en una triste balada. Independientemente del camino que elijas, tienes que asegurarte de acentuar el rasgueo con algunas voces poderosas. Reproducir la canción más rápido puede darle una sensación más pop, lo que haría que incluso Adele se sintiera orgullosa.

Hola, por Adele, suena genial, independientemente de cómo planees tocar lo. La canción tiene melodías poderosas y es relativamente fácil de tocar en el ukelele.

Creep de Radiohead
Esta es una canción que ha sido perfectamente hecha para ser tocada en el ukelele. Podrías pensar en esto como una locura, pero sólo una vez que toques la canción en tu ukelele, te darás cuenta de lo perfectamente que ha sido tonada para un ukelele. La canción es un poco difícil de tocar con toda la progresión de acordes, pero tiene un innegable apego emocional y unidad, lo que te volará la mente.

Creep se puede tocar de muchas maneras diferentes, con todos los métodos que le dan los resultados perfectos que podría estar buscando. Las voces originales pueden ser duras y melancólicas, pero siguen el patrón, por lo que no tienes que innovar mucho.

Puedes innovar con la canción elevando un poco la tonalidad. Esto añadirá mucho brillo a la pieza, y todavía le permitirá sonar increíble. Creemos que Creep de Radiohead es sin duda una de las mejores canciones que se pueden tocar en el Ukelele. Si quieres llevar la música de esta canción a otro nivel, puedes intentar arpegiarla en acordes más pequeños. Esto ayudará a que la canción suene aún mejor y marcará un mundo de diferencia.

The A-Team de Ed Sheeran
Ed Sheeran es otra estrella muy famosa entre la generación más joven, razón por la cual los fans más jóvenes han tocado muchas de sus canciones en el ukelele. Su ascenso a la fama ha sido impresionante, ya que es un productor y letrista increíble también.

The A-Team de Ed Sheeran es una de las canciones más melodiosas para tocar en el ukelele en general. La canción tiene muchos más acordes que otras canciones, pero muchos de estos acordes son sólo acordes de barre. La parte buena de esta canción es que tienes el lujo de hacerla tan compleja y tan simple como quieras. Hay mucho espacio para la innovación y la mejora. Puede añadir su propio toque a la música y puede sentirse bien al respecto.

Muchos musicos de uke quieren darle vida a las cosas añadiendo toques aquí y allá para obtener mejores resultados. Este es el tipo de canción que querrías tocar si fueras ese tipo de musico. También puede utilizar el patrón de rasgueo estándar para ukes si no desea ser creativo.

All of Me de John Legend

La melodía final que tenemos aquí es una de las canciones más desafiantes para as en el ukelele. La canción es un éxito definitivo con las masas, y es posible que la hayas escuchado bastantes veces también. All of Me by John Legend es el himno de amor de los jóvenes de hoy, y es posible que lo hayas encontrado en algún momento en el tiempo.

Lo que puedes hacer para hacer esta canción increíble en el uke mientras conservas el poder que John Legend prestó a su versión es arpegiar los versos y acordes apropiadamente. La progresión de acordes no es sencilla y requiere mucha práctica.

La mejor parte es cuando saltas de la versión arpegiada a los patrones estándar de rasgueo de ukelele. Esto entregará un golpe de energía a la canción y la empujará a un nivel completamente nuevo.

Las voces no son duras, pero sólo si sabes cómo tocar los acordes a la derecha. El coro tiene varias notas altas, que se pueden tocar de una manera que usted considere mejor. Una vez que te hayas instalado cómodamente en el mundo de John Legend y su himno de amor, verás a tus amigos rogándote que lo toques para ti.

En este capítulo, hemos enumerado algunas de las mejores canciones para tocar en el ukelele. Muchos de ellos son clásicos y tienen una clase propia. Las piezas modernas que hemos mencionado también son bastante populares entre las masas y hacen que las canciones sean aún mejores para escuchar. La idea detrás de esta lista es conseguir que practiques y aumentes gradualmente tu conjunto de habilidades. Te hemos presentado melodías que requieren niveles marginales de rasgueo y canto. Estas canciones te harán sentir bien con las lecciones que has adquirido dentro de este libro y te ayudarán a mejorar aún más tu conjunto de habilidades.

CONSEJO: UkuTabs.com es un gran lugar para aprender canciones para el uke.

Conclusión

Tu viaje como musico de ukelele no termina con este libro. En cambio, está empezando. Aquí es donde comienzas tu viaje y construyes sobre lo que has aprendido para convertirte en un profesional. Por ahora, usted sabe lo suficiente para tocar algunas cuerdas básicas y seguir algunos patrones de rasgueo simple en el ukelele, y aquí es donde comienza la diversión! Ahora es el momento de practicar. ¡Mucho! A medida que continúes practicando, creciendo y desarrollándose como músico, el mundo seguirá abrando sus puertas musicales a ti. ¡El cielo es el límite!

Referencias

https://consordini.com/ukulele-explained-all-you-need-to-know/

https://www.ukulelemag.com/stories/your-first-ukulele-lesson-a-beginners-guide-to-playing-ukulele

https://coustii.com/ukulele-chords-beginners/

https://ukuguides.com/beginner/10-ukulele-tips-for-beginners/

https://acousticbridge.com/types-of-ukuleles/

https://consordini.com/best-ukulele-songs/

www.ingramcontent.com/pod-product-compliance
Lightning Source LLC
Chambersburg PA
CBHW071515080526
44588CB00011B/1436